KB214869

교부신학 프로젝트 02

초대 교회와 마음의 치료

다함
도서출판 **다함** 은

1. **다윗**과 아브라**함**의 자손
아브라함과 다윗의 자손으로, 하나님 구원의 언약 안에 있는 택함 받은 하나님 나라 백성을 뜻합니다.

2. 마음과 뜻과 힘을 **다하여** 하나님을 사랑하라
구약의 언약 백성 이스라엘에게 주신 명령(신 6:5)을 인용하여 예수님이 가르쳐 주신 새 계명
(마 22:37, 막 12:30, 눅 10:27)대로 마음과 뜻과 힘을 다해 하나님을 사랑하겠노라는 결단과 고백입니다.

사명선언문
1. 성경을 영원불변하고 정확무오한 하나님의 말씀으로 믿으며, 모든 것의 기준이 되는 유일한 진리로 인정하겠습니다.
2. 수천 년 주님의 교회의 역사 가운데 찬란하게 드러난 하나님의 한결같은 다스림과 빛나는 영광을 드러내겠습니다.
3. 교회에 유익이 되고 성도에 덕을 끼치기 위해, 거룩한 진리를 사랑과 겸손에 담아 말하겠습니다.
4. 하나님 앞에서 부끄럽지 않도록 항상 정직하고 성실하겠습니다.

교부신학 프로젝트 02

초대 교회와 마음의 치료

초판 1쇄 인쇄 2022년 08월 10일
초판 1쇄 발행 2022년 08월 22일

지은이 | 배정훈, 우병훈, 조윤호 공저
(동서방 기독교 문화연구회)

펴낸이 | 이웅석
펴낸곳 | 도서출판 다함
등   록 | 제2018-000005호
주   소 | 경기도 군포시 산본로 323번길 20-33, 701-3호(산본동, 대원프라자빌딩)
전   화 | 031-391-2137
팩   스 | 050-7593-3175
블로그 | https://blog.naver.com/dahambooks
이메일 | dahambooks@gmail.com

ISBN 979-11-90584-55-5 (94230) | 979-11-90584-42-5 (세트)

※ 신저작권법에 의하여 한국 내에서 보호받는 저작물이므로 무단 전재와 무단 복제를 금합니다.
※ 책 값은 뒷표지에 있습니다.
※ 잘못된 책은 구입처에서 교환하여 드립니다.

교부신학 프로젝트 02

초대 교회와 마음의 치료

배정훈, 우병훈, 조윤호 공저

(동서방 기독교 문화연구회)

EARLY CHURCH

목 차

01 요한 크리소스톰과 과시욕:

천국의 영광을 바라보며 [배정훈]

EARLY CHURCH

EARLY CHURCH

추천사 1

본서를 읽고 새로운 감동이 일어났습니다. 극심한 갈등과 반목으로 갈기갈기 찢어진 한국사회와 교회의 현실 속에서 치유와 화해와 은혜를 전하는 고대 교부들의 생생한 목소리를 들었기 때문입니다. 본서는 신약성경과 연결되는 사도 교부로부터 시작해서 교부들의 전성기라고 말할 수 있는 4-5세기 동서방의 대표적인 교부들을 아우르고 있습니다. 시공간적으로 멀리 떨어진 교부들을 하나의 주제로 엮어내고 이 시대의 교회와 사회에 현실적인 메시지를 전하고 있다는 점이 인상적입니다.

본서는 부자 교인들의 헛된 영광을 치유하는 크리소스톰의 설교, 탐욕으로 인한 의지의 갈등을 해소하는 아우구스티누스의 은혜론, 이단과의 투쟁에서 교회를 치유하고 회복하는 이그나티우스의 성찬론에 대해 다룹니다. 이를 통해 독자들은 교부들이 교회를 수호하고 바로 세우는 목회자이며, 예배를 인도하고 말씀을 전하는 설교자이고, 교회의 당면한 문제들을 신학적으로 응답한 신학자였다는 것을 깨닫게 될 것입니다. 이 교부들은 복음과 성경의 원천과 당대의 문화적 유산에 대한 영적인 통찰과 신학적 안목으로 상황을 분석하고 해결 방안을 제시하며 목회현장에서 실천했습니다. 그들은 신학적이고 목회적인 지도력으로 교회를 든든하게 세우고 신자들의 영적 문제를 다루고 치유하려고 했습니다. 특히 영혼에 대한 깊은 성찰을 통해 죄와 비참에 빠지고 탐욕에서 헤어나오지 못한 인류의 보편적인 곤경을 묘사하고 하나님의 은혜를 통한 구원과 치유를 증언했습니다.

본서는 모두 당대의 교회와 인간의 문제와 씨름하고 갈등과 불화를 극복하려고 했던 교부들의 모습을 소개합니다. 이 교부들은 모두 목회자, 설교자, 신학자, 경건의 지도자로서 통전적인 삶을 살았습니다. 오늘날 한국 교회에서도 이러한 통전적인 지도자와 사역자를 요구합니다. 신학자는 목회 현장에서 살아있는 신학, 목회자의 인격과 사역에 녹아있는 신학, 교회와 사회를 실질적으로 변화하는 신학을 제시해야 하며, 예배와 설교와 목회돌봄과 봉사와 선교 등 교회의 모든 활동에 있어 바른 교리와 신학의 원천으로부터 영감을 받아야 합니다. 그런 의미에서 고대 교부들은 오늘날 우리에게 신학의 의미와 목적, 사역의 방향과 의미, 목회자의 본보기를 보여주는 스승들입니다. 본서가 이러한 교회의 스승들의 삶과 사역과 사상을 이해하고자 하는 자들

에게 길잡이가 되리라 확신합니다. 본서가 고대 교부들에 대한 관심을
드높이고, 한국 교회와 사회를 통전적인 신학과 목회에 따라 개혁하고
갱신하는 나침반이 되길 기대합니다.

서원모 교수 (장로회신학대학교 신학대학원, 교회사)

이 책은 교회사에서 특별한 권위를 인정받는 고대 교부(敎父)들 가운데 특별히 요한 크리소스톰, 아우구스티누스, 안디옥의 이그나티우스, 이 세 교부가 당대 교회가 직면한 내외적인 도전과 인간 내면의 갈등을 주목하고 탐구하면서 제시한 해결책을 소개합니다.

먼저 배정훈 교수가 다루는 교부는 4세기 말 5세기 초 로마제국의 동방 지역에서 설교로 명성이 자자했던 요한 크리소스톰(c. 349-407)입니다. 저자는 이 글을 통해 크리소스톰이 가난한 자들에 대한 자선을 그리스도인의 최고의 덕목이라고 주장하고 그 실천을 강력하게 설교하면서도, 동시에 자선을 행할 때 그리스도인들이 빠지기 쉬운 함정인 명예욕과 헛된 영광의 추구를 날카롭게 비판했음을 보여줍니다. 시혜자의 명예를 드높이는 것을 널리 권장하고 실행했던 로마제국 후원제도의 관습과는 달리 기독교 자선은 어떤 동기를 가지고 해야 하는지를 보여주는 크리소스톰의 설교는 현대인의 영적 도덕적 감수성에도 생생한 호소력을 가지고 있음을 잘 볼 수 있습니다.

역시 비슷한 시기인 4-5세기 서로마제국 말기에 활동했던 라틴 교부 아우구스티누스(354-430)를 연구한 우병훈 교수의 글은 아우구스티누스의 영혼론과 관련된 매우 흥미롭고 풍부한 주제를 다룹니다. 영혼의 정의, 불멸성의 문제, 영혼의 기원, 윤회설, 영혼의 수와 같은 주제들을 소개하고, 그와 연관된 논쟁점들을 간결하게 잘 짚어줍니다. 저자는 이 글에서 아우구스티누스가 분석하고 제시한 인간 영혼 안에 일어나는 갈등의 원인과 그 치유의 길을 영적으로 깊이 공감할 수 있게 소개해줍니다.

마지막으로 조윤호 박사의 글은 두 교부보다 앞선 시대에 살았던 속사도 교부 안디옥의 이그나티우스(35-108)의 성찬론을 소개합니다. 저자는 이 글에서 당대 교회를 뒤흔든 영지주의의 도전 앞에서 이그나티우스가 성찬 신학을 통해 그리스도 성육신의 실재성과 교회 일치의 중요성을 성공적으로 변증하였음을 보여줍니다. 이 글은 성찬의 깊은 의미를 이해하는 데 모든 교파 그리스도인들에게 도움이 되지만, 특별히 16세기 종교개혁 이후 성찬의 의미를 깊이 천착하지 않는 개신교인들에게 더욱 유익합니다. 신앙의 원천이요 이상적 모델로 제시되는 초대 교회의 성찬 신학으로 우리를 초대하기 때문입니다.

생생하고 실천적인 성서 이해에 기초한 올바른 가르침과 거룩한 삶으로 세계교회사에서 특별한 권위를 인정받아온 교부들, 장구한 교회 역사 속에서 찬란한 빛을 계속 비추어 온 교부들의 가르침을 원전과 2차 문헌을 두루 섭렵한 국내개신교 교부 전공 신학자들의 연구를 통해 읽을 수 있게 된 것은 참으로 반갑고 고맙고 경축할 일입니다.

손은실 교수 (서울대학교, 종교학과)

동서방 기독교 문화연구회 임원진 및 저자 소개

배정훈 박사

교부연구가 한국교회와 사회 변혁에 기여하길 바라는 교부학자이다.
고신대학교 신학과와 고려신학대학원 졸업 후(B.A, M.Div), 미국 보스턴 칼리지와
호주가톨릭대학교에서 요한 크리소스톰을 연구했다(Th.M, Ph.D).
저서로는 John Chrysostom on Almsgiving and the Therapy of the Soul(Brill),
『초대교회의 갈등과 치료』(공저) 등이 있다.
현재 고신대 신학과에서 교회사 교수로 후학을 양성하고 있다.

우병훈 박사

서울대학교 자원공학과(B.Eng.)와 서양고전학 대학원(M.A 졸업, Ph.D 수학)을 거쳐,
고려신학대학원(M.Div)과 미국의 칼빈신학교(Th.M, Ph.D)에서 공부했다.
저서로 『처음 만나는 루터』, 『기독교 윤리학』, 『교회를 아는 지식』 등이 있다.
현재 고신대학교 신학과에서 교의학 교수로 후학을 양성하고 있다.

조윤호 박사

총신신대원(M.Div.)을 졸업한 후, 총신대학교에서 기독론으로 석사(Th.M.),
고신대학교에서 박사학위(Ph.D.)를 취득하였다.
저서로 『그리스도의 세 가지 직분: 둘째 아담 그리고 창조회복』과
『창조목적과 그리스도의 사역』 등이 있다.
그리심교회 담임목사로 사역하며 고신대학교 여신원에서 후학들을 길러내고 있다.

약어

PG	Patrologia Graeca
PL	Patrologia Latina
CSEL	Corpus Scriptorum Ecclesiasticorum Latinorum
CCL	Corpus Christianorum. Series Latina

들어가는 글: 마음의 병, 보이지 않는 갈등의 원인

이번 교부신학 프로젝트 2권의 주제는 마음의 치료, 즉 영혼의 병과 치료입니다. 우리 동서방기독교 문화연구회는 초대교회의 갈등을 연구 주제로 공동연구를 진행하고 있습니다. 갈등의 범위를 외적 갈등, 내적 갈등으로 더 넓게 설정함으로 기존 국내외 학계와의 차별성을 추구합니다. 외적 갈등은 두 공동체 이상이 겪는 병리적 현상이라면 내적 갈등은 인간 내면의 깊숙한 영적인 병과 관련된 것입니다. 사실 드러나는 외적 갈등보다 더 심각한 것은 마음의 병입니다. 보이지 않지만, 그 파괴력은 막강합니다. 개인의 영혼을 망치고 공동체 갈등의 원인이 됩니다. 겉으로 보기에는 별문제 없어 보이지만, 그 속에는 질투, 분노, 복수심, 야심 등의 영혼의 병이 도사리고 있는 경우가 적지않습니다. 선의로 위장하는 악입니다.

교부들에게 마음은 상당히 중요했습니다. 마음이 어디에 있느냐에 따라 인생이 결정된다고 가르쳤습니다. 잠언 4장 23절은 "모든 지킬 만한 것 중에 더욱 네 마음을 지키라 생명의 근원이 이에서 남이니라"라고 권고합니다. 우리가 정말 지켜야 하는 건 속 사람입니다. 교부들은 마음을 '카르디아'(καρδία)라고 불렀는데 이는 '심장'을 뜻합니다. 그들은 마음의 좌소(locus)가 심장이라고 생각했던 것 같습니다. 인간의 가장 중심에 있는 심장, 그것이 곧 마음입니다. 마음의 중심을 잘 잡아야 삶이 건강해진다고 믿었습니다.

미국의 유명한 기독교 철학자 제임스 스미스(James K. Smith)는 『습관이 영성이다』라는 책에서 이를 재미있게 설명합니다. 그에 따르면 인간은 예배하는 존재입니다. 이 책 1장의 제목이 "당신이 사랑하는 것이 바로 당신이다"입니다. 사랑하는 것에 마음이 갑니다. 결국 자신도 모르는 사이에 그것을 예배한다는 것이 이 책의 요지입니다. 쇼핑이나 주식을 예로 생각해보면 쉽게 이해할 수 있습니다. 사람들은 신상품과 주식의 빨간 막대기를 예배합니다. 아침에 일어나자마자 쇼핑 사이트를 검색하고 주식을 확인한다면 하나님 대신 이런 세속의 즐거움이 자리잡고 있는 것입니다. 보물이 있는 곳에 마음이 갑니다. 하나님과 재물을 겸하여 섬길 수 없는 것입니다(마 6:21-24). 이는 우상숭배입니다. 시편 1편 1-2절은 복 있는 사람, 즉 영혼이 건강한 사람은 하나님의 말씀을 주야로 묵상한다고 말씀하는데, 이러한 사람들은 쇼핑과 주식을 주야로 묵상하는 것입니다. 마음과 사랑에 관한 통찰은 최근에 발견된 것이 아닙니다. 이미 고대교회에서부터 있었습니다. 시대에 따라 약간 다른 옷을 입을 뿐입니다.

고대 교부들은 마음을 곧 영혼으로 간주했습니다. 마음 문제는 영혼의 건강 문제입니다. 고대 세계의 주된 관심은 영혼에 있었습니다. 그리스-로마 세계의 거의 모든 철학자, 연설가, 의사는 자신만의 영혼 치료 아이템을 제공하는 전문가였습니다. 오늘날의 심리치료사, 사실은 이들보다 훨씬 더 넓은 범위를 다뤘습니다. 왜냐하면 영혼의 치료는 곧 몸의 치료이기 때문입니다. 특히 스토아 철학자들은 영혼은 물질로 되어있다고 믿었습니다. 영육의 통합적, 전인적 의사가 이들이었습니다. 경쟁적인 영혼의 건강 시장(market) 속에서 초대교회 지도자들은 자신들만이 진정한 영혼의 의사라고 주장했습니다. 피터 판 누펠른(Peter Van Nuffelen)은 이를 "말의 전쟁"(A War of Words)이라고 표현합니다. 말은 곧 생각과 사고이며, 문화이자 세계입니다.

이런 배경에서 교회는 탁월한 영적 병원입니다. 목사가 영혼의 의사이며 치료제는 성경, 설교와 교회의 모든 영적 활동입니다. 세상 속에서 매일 영적 상처를 입고 시름시름 앓고 있는 사람들은 모두 교회로 나와 치료받아야 합니다. 참된 치료의 정점에는 인간이 되신 그리스도가 있습니다. 하나님은 죄와 사망으로 영원히 죽어있던 인류를 구원하기 위해 독생자 예수님을 보냈습니다. '크리스투스 메디쿠스(Christus Medicus)', '치료자 그리스도'라는 개념은 이렇게 만들어졌습니다. 우리 영혼의 참된 치료자는 세속 철학도, 문화도, 고대인들이 의학의 신이라고 섬긴 아스클레피오스나 신전의 기적이 아니라 보잘것 없는 이 땅에 하늘의 영광을 버리고 오신 아기 예수님이었습니다. 교부들은 동시대의 문화적 담론을 이렇게 바꾸었습니다. 100여 년 전 교회사가 아돌프 하르낙(Adolf Harnack)이 주장한 "기독교의 헬라화"가 아닌 "헬라의 기독교화"입니다.

이 책에서는 동서방 대표 교부들의 영혼 치료를 소개합니다. 먼저 동방 대표인 요한 크리소스톰이 본 헛된 영광의 문제점에 주목합니다. 허영심은 영적 진보의 중대한 장애물이었기에 초대교회가 경계한 대표적인 악이었습니다. 특히 이 병은 구제, 기도, 예배 등 선행의 이면에 숨어있는 머리가 많은 괴물과 같았습니다. 요한은 남에게 보이기 위해 구제하는 안디옥 신자들을 마태복음 6장 1-4절에 따라 신랄하게 비판합니다. 허영심은 나눔과 섬김이 주는 복을 모두 없애는 좀과 동록, 도둑(마 6:19-20)입니다. 이 영적 병에 대한 치료법은 하늘의 복을 바라보는 것입니다. 요한은 고대 후원 제도(euergetism)를 사용하여 아무도 알아주지 않는 가난한 자들에게 베푼 선행을 기억하는 하나님이 마지막 날에 엄청난 보상을 베풀어 주실 것이라고 선언합니다. 천국 상급이라는 실제적인 개념을 중심으로 요한의 구제와 허영심 담론은 통일을 이루고 있습니다.

두 번째는 서방 교부 아우구스티누스의 영혼론을 다룹니다. 여기서는 영혼의 갈등, 탐욕의 문제를 논합니다. 사실 탐욕은 거의 모든 고대 교부들의 중심 주제였습니다. 교회가 부요해짐으로 "부자가 천국에 들어가기가 낙타가 바늘귀에 들어가는 것보다 더 힘들다"는 경고(마 19:24)의 대상이 되었기 때문입니다. 먼저 아우구스티누스의 영혼론 전반을 개관하며 여러 범주의 내용들을 알기 쉽도록 정리합니다. 이후 탐욕의 심각성과 폐해, 아우구스티누스가 제공하는 탐욕의 치료법을 이야기합니다. 그는 세례와 설교, 그중에서도 설교의 중요성을 강조합니다. 아우구스티누스는 여기서 그치지 않고 하나님의 은혜의 중요성을 지적합니다. 인간의 마음을 어루만진다는 것 자체가 우리의 능력 밖에 일임을 분명히 합니다. 독자들은 동서방의 마음 치료를 보며 비슷하면서도 강조점이 다른 영혼의 치료과정을 접하게 될 것입니다.

마지막으로 사도 교부인 이그나티우스의 성찬론과 영혼의 갈등 문제를 살펴봅니다. 지금까지 성찬은 주로 의식으로서의 성례라는 문맥에서 논의되었습니다. 하지만 교부들은 성찬을 교회론적이면서도 영혼 치유의 배경에서 가르쳤습니다. 이그타니우스는 성찬을 "불멸의 약"이라고 규정합니다. 아담의 타락으로 잃어버린 인간의 불멸성은 기독론적인 기초 위에서 성찬으로 회복됩니다. 고대교회는 대부분 매주 성찬을 시행했습니다. 예수님의 몸과 피를 먹으며 불멸의 존재가 되고 영생을 누리고 맛봅니다. 곧 하나님을 닮아가고 그리스도와의 친밀한 교제와 연합을 이루게 됩니다(신격화, deification). 이 글은 영혼 치료제로서의 성찬을 통해 영지주의라는 이단의 병을 치료하는 과정을 보여줍니다. 이 과정에 기독론, 십자가의 교리, 교회의 연합 등의 교리와 예배, 삶이 교부들에게서 얼마나 통전적으로, 긴밀하게 연결되었는지 설명합니다. 성례는 우리의 참된 영적 치료제입니다.

이 책이 나오기까지 많은 사람의 헌신과 섬김이 있었습니다. 우선, 동서방기독교문화연구회 임원인 우병훈, 조윤호 박사님께 감사드립니다. 좋은 동역이 뜻깊은 결과물로 나오게 되어 기쁩니다. 안상호 재활의학과 원장님의 너그러운 후원에 깊은 감사를 드립니다. 보잘것없는 작은 연구회의 비전에 귀 기울여 주신 결과 큰 용기와 힘을 얻었습니다. 주께서 선하게 갚아주시기를 기도합니다(잠 19:17; 마 6:19-20). 교부신학 시리즈를 기획하고 먼 길도 마다하지 않고 함께 해주시는 다함 대표님께 감사드립니다. 여러 어려운 상황에도 불구하고 교부의 세계가 현대의 독자들을 만날 수 있는 길을 열어주셨습니다. 시광교회 이정규 목사님과 교인들에게 감사의 인사를 드립니다. 대중 세미나를 개최할 수 있도록 해주셔서 따뜻한 "하나님의 환대"를 경험할 수 있었습니다. 마지막으로 바쁘신 가운데도 추천사를 써주신 서원모, 손은실 교수님의 은혜에 감사드립니다. 교수님들의 따뜻한 격려와 응원이 큰 힘이 되었습니다. 뒤돌아보면 하나님의 은혜를 통한 사람의 은혜가 있었기에 우리의 연구가 존재할 수 있었습니다. 그 사랑이 저희를 통해 또 흘러나갔으면 좋겠습니다.

이 책이 단지 학문적인 소개와 자극을 주는 것으로 그치지 않았으면 좋겠습니다. 신앙생활을 하면서도 여전히 마음의 병으로 고통 중에 있는 성도들에게 조금이나마 희망과 안식을 주었으면 합니다. 이 책에서 그리스도의 치유, 삼위 하나님이 주시는 참된 행복을 발견하시길 바랍니다. 그리하여 순결한 영혼, 깨끗한 영혼, 1급수의 영혼(마 5:8)이 한국 사회와 문화를 변혁하길 원합니다. 교부가 알려주는 교회의 사회적 영향력은 구호가 아닌 사랑과 섬김의 삶입니다. 우리를 구원하신 하나님의 아들 예수 그리스도께 감사드립니다. 우리를 일하게 하시는 성령 하나님의 역사를 의지합니다. 태초부터 기쁘신 뜻으로 작정하신 하나님의 계획이 이루어지길 소망합니다. 모든 영광을 삼위 하나님께 돌려드립니다(롬 11:36).

마음의 치유,
어린아이와 같은 마음의 정결(마 5:8)과 순수함을 바라보며

동서방 기독교 문화연구회를 대표하여
배정훈

요한 크리소스톰과 과시욕

EARLY CHURCH

Patristic Theology Project

요한 크리소스톰과 과시욕

- 천국의 영광을 바라보며 -

배정훈(고신대학교 신학과, 교회사)

"나를 알아줬으면...."

현대문화는 많은 부분에 있어서 자기 과시적이다. 이는 인간의 본성으로 사람들은 자기를 드러내길 좋아한다. 신앙생활도 예외가 될 수 없다. 우리는 한 번쯤 "목사님은 왜 나를 알아주지 않지?"라고 생각한다. 열심히 교회 봉사해도 아무도 알아주는 사람이 없을 때 시험에 들기도 한다. 초대교회 그리스도인들은 예수님을 따르는 제자의 삶에서 헛된 영광(κενοδοξία)이 큰 장애가 된다는 점을 깨달았다. 명예를 탐하는 것이 영적 완성에 이르는 길을 방해하는 것이다. 이런 이유에서 사막 수도사들은 하나님만을 전적으로 섬기는 경건한 삶의 여정에서 허영을 피해야 할 '7가지 죽음에 이르는 죄'(the seven deadly sins)의 목록에 포함했다.[1] 4세기 동방 교부 요한 크리소스톰(John Chrysostom, C.E c.349-407, 앞으로 Chrys. 표기) 역시 자주 헛된 영광의 위험성에 대해 경고하였다. 이 악덕은 가장 근본적이며 치명적인 욕망 중에 하나로 신자의 영성을 해칠 뿐 아니라 교회 공동체를 분리시킨다. 그는 헛된 영광이 복음과 교회의 이상과 완전히 대립된다고 가르쳤다.[2]

헛된 영광의 해악성에 대한 요한의 잦은 경고에 비하면 이에 대한 현대 학자들의 관심은 그리 크지 않다. 특히 요한이 '가난한 자들의 대변자'(champion of the poor)로 불릴 만큼 자비의 사역을 강조했는데 가난한 자들을 돌보는 선행과 헛된 영광의 관련성에 대한 연구는 거의 찾기 힘들다. 브레이크 레이얼리(Blake Leyerle), 질케 지츠러(Silke Sizler), 게르트 로스캄(Geert Roskam), 이은혜와 같은 학자들은 주로 고대 그리스-로마 사회의 사회적 관습인 공적기부제도(euergetism)에 대한 요한의 비판을 다루었다. 고대사회에서 상류층 부자들(patrons)은 도시 공동체(clients)의 유지를 위해 재산을 기부하고 이에 대한 대가로 명예와 칭송을 얻었다. 요한은 귀족들이 오직 자신의 영광만을 추구한다고 비판하면서 성도들은 이런 삶의 모습과 구별되어야 한다고 교훈한다.[3] 하지만 그는 이교도들의 기부제도에 대한 비판보다 안디옥 그리스도인들의 구제 이면에 있는 자기를 드러내려는 욕망을 더 많이 경계했다. 자기 과시의 본질, 이를 위한 구제의 위험성, 그리고 극복방안 등이 여러 설교에 등장하지만, 지금까지의 연구는 이를 다루지 않았다.

본 글은 헛된 영광을 위한 기부와 관련된 요한의 경고를 상세히 분석할 것이다. 이는 구제의 동기 문제로 요한은 이 죄가 선행에 미치는 부정적인 영향과 극복방안을 여러 설교에서 가르친다. 특히 이는 미래에 하나님이 주실 보상과 깊은 관련이 있다. 이러한 요한의 담론을 당시 사회의 중요한 경제구조인 후원제도(patronage 혹은 euergetism)의 배경 속에서 살펴보고자 한다. 학자들은 고대 후기 기독교의 지배력에도 불구하고 여전히 이교의 사회, 문화적 제도가 사람들의 정신과 관습에 큰 자리를 차지하고 있음을 지적하였다.[4] 여기서는 요한이 당시의 사회적 관습을 변혁하여 신적인 기부제도(divine euergetism)의 소망 가운데 기부자들의 참된 동기를 강조했다는 점을 설명할 것이다.

이 글에서는 요한의 마태복음 연속설교(In Matthaeum hom. 1-90)를 집중적으로 분석할 것이다. 전체 90편의 설교 중에 55편 이상이 부와 가난을 다루고 있기 때문에 이 자료들은 요한의 구제사상을 이해하는 데 중요하다.[5] 이 설교들을 중심으로 관계된 다른 여러 자료도 다룰 것이다. 본문은 세 부분으로 구성되었다. 첫째, 가난한 자들에 대한 요한의 관심과 구제의 중요성을 살펴볼 것이다. 요한은 부의 본질과 바른 사용에 대해 반복적으로 가르쳤다. 둘째, 헛된 영광의 본질과 피해를 분석할 것이다. 과시를 위한 구제가 얼마나 악한 것이지, 또한 그것이 선행 자체에 미치는 악영향은 무엇인지 다룰 것이다. 마지막으로 어떻게 순수한 동기로 하나님의 명령인 불우한 자들에 대한 자선을 실천할 수 있는지에 대한 요한의 구체적인 대안을 제시할 것이다. 이를 통해 기독교적인 자선과 로마의 후원제도의 공통점과 차이점을 살피고 종말론적인 보상을 축으로 연결된 구제와 헛된 영광에 대한 요한의 사상을 이해할 수 있을 것이다. 이를 바탕으로 오늘 우리에게 주는 교훈도 생각해 보고자 한다.

1. 가난한 자들에 대한 자비: 신앙의 본질

요한은 가난한 자들의 고통을 외면하지 말고 부를 나누라고 자주 가르쳤다. 부자들의 탐욕과 사치를 비판하며 그러한 삶은 복음에 합당하지 않다고 주장했다. 청중들은 이 주제에 대한 반복된 가르침에 싫증을 느끼며 불만을 토로했지만, 그는 아랑곳하지 않고 신앙에서 자비의 중요성을 강조했다.[6] 요한이 사제로 사역했던 안디옥은 사회 구조적인 문제로 인해 빈부의 격차가 매우 심했다. 도시는 부유하고 땅은 비옥했지만, 대부분의 부가 소수에 의해 독점되었다. 수천 명이 거지나 다름없이 살았고 약 5만 명 정도가 최저생활비로 근근이 생활을 이어갔다. 그러나 땅을 소유한 대지주들은 막대한 수입을 올렸고 상인들은 가격을 올리기 위해 곡물을 비축하거나 포도주나 곡물을 일부러 못 쓰게 만드는 불의를 서슴지 않았다.[7] 이러한 상황에서 가난한 자들은 큰 고통을 겪었다. 387년 겨울 어느 날 요한은 안디옥의 교회로 가는 길에서 거리에 있는 수많은 거지의 모습을 보았다. 그는 안타까운 마음에 다음과 같이 설교했다.

> 저는 오늘 정의롭고 유용하며 합당한 변호를 하기 위해 여러분 앞에 섰습니다. 다른 사람이 저를 보낸 것이 아닙니다. 오직 우리 도시에 있는 구걸하는 자들이 저를 세웠는데 이는 말, 투표, 공동의회의 결정이 아닌 그들의 불쌍하고 너무나 비참한 모습 때문에 그러한 것입니다. 즉, 여러분의 모임에 오기 위해 서두르는 중 시장과 좁은 통로를 지나면서 거리 중간에서 버려진 사람들을 많이 보았습니다. 어떤 사람은 팔이 잘렸고 어떤 사람은 눈이 뽑혔고 어떤 사람은 썩은 고름과 낫지 않은 상처로 가득했습니다. 그들이 그것들을 가려야만 했지만 썩은 것이 쌓여서 신체 부위를 드러낼 수밖에 없었습니다. 저는 그들을 대신하여 여러분의 사랑을 호소하지 않는 것은, 특히나 계절로 인해 그렇게 해야 하는 이때 그렇게 하지 않는 것은 가장 비인간적이라고 생각합니다.[8]

요한은 여기서 가난한 자들을 위한 변호자로 자처하며 그들에게 관심을 가져 달라고 촉구한다. 그가 이렇게 할 수밖에 없는 이유는 그가 본 구걸하는 자들의 비참한 모습 때문이다. 그들은 눈이 뽑힌 채로, 팔이 잘린 채로, 온몸에 징그러운 상처가 가득한 채로 생존을 위해 지나가는 사람들을 붙잡고 한 끼 양식을 동냥하고 있었다. 때때로 요한은 거지들이 사람들의 흥미를 끌기 위해 어릿광대 노릇을 하고 심지어 자식들을 시각 장애인으로 만드는 것을 한탄한다.[9] 마이클 데빈 (Michael J. Devinne)은 고대 후기 교부들이 여러 수사학적 기법을 사용하여 가난한 자들의 고통을 생생하게 묘사한다고 설명한다.[10] 이때 사용된 수사적 기법은 '시각화'(ἔκφρασις)이다. 이 기법은 고대 수사학에서 중요한 요소로 묘사하는 사물을 마치 눈으로 보는 것처럼 느끼도록 자세히 묘사하는 것이다.[11] 고대 수사학자들이나 철학자들은 독자 혹은 청자들의 마음을 사로잡기 위해 시각적인 이미지 사용을 강조하였다. 사람들이 글과 말보다는 시각적인 이미지를 더 쉽게 받아들이고, 심지어 흡수하기 때문이다.[12] 거리의 걸인들에 대한 요한의 상세한 묘사는 그들을 직접 보는 것과 같은 효과를 내어 결국 자비의 마음을 불러일으키는 것을 목적으로 한다.

부와 관련해 요한은 중립적인 태도를 보이기도 한다. 부 자체는 가치중립적이며 그것의 사용에 따라 가치가 결정된다는 것이다. 이에 따르면 부자가 가난한 자들을 위해 재산을 나눈다면 부는 선한 것이지만 자신만 누리고 산다면 악한 것이다.[13] 하지만 이는 실제 현실에서는 이상적인 주장일 경우가 많았다. 또 다른 한편으로 요한은 부의 부정적인 측면을 드러내면서 모든 부는 불의와 관련되어 있고 하나님의 창조 질서를 어기는 것이라고 주장한다. 하나님은 태초에 공기, 물, 햇빛과 같이 부 역시 공유하도록 계획하였다. 하지만 인간의 탐욕으로 '내 것'과 '네 것'간의 구분이 만들어졌고 소수가 부를 독점하는 사태가 벌어졌다.[14] 요한은 이런 점에서 부자들을 신랄하게 비판한다. 또한 부를 영혼의 건강을 심각하게 해치는 치명적인 영적인 병으로 간주하였다.[15] 부자들의 영혼의 상태는 미쳐 날뛰는 정신병자와 같으며 결국에는 파멸의 길로 빠진다.[16] 요한은 고가의 액세서리를 하는 귀족 여성들에게 그것은 단지 흙과 먼지에 불과하다고 말하면서 진흙을 고귀하게 여기는 것은 가장 수치스러운 일로 여긴다. 그들은 이기적인 사치로 인해 하나님의 심판을 피할 수 없을 것이다.[17]

요한에 따르면 부자들은 하나님의 재산을 맡은 청지기임을 알고 자신의 소유를 소외당하고 고통받는 자들을 섬기는 데 사용해야 한다. 물론 요한은 부자나 가난한 자나 상관없이 모든 사람이 구제해야 한다고 주장하지만 실제로 부자들이 더 많이 가졌기 때문에 더욱 자비의 선행에 힘써야 한다고 말한다.[18] 이것이 그들이 많은 부를 가지게 된 이유이다. 『마태복음 77번째 설교』는 부자들을 교회의 집사에 비교한다. 교회의 집사들이 관리하는 돈은 그들의 돈이 아니라 가난한 자들의 필요를 채워주기 위해 신자들이 그들에게 맡긴 것이다. 이처럼 부자들은 하나님의 청지기로 맡은 돈을 헛되이 쓰면 안 된다. 부자들이 비록 유산이나 정직한 노동을 통해 재산을 얻었다고 할지라도 그것은 본래 하나님의 것이며 또한 가난한 자들의 것이다. 부의 근본적인 소유권은 하나님에게 있다. 하나님은 가난한 자들을 돕기 위해 부자들에게 그의 재산을 맡긴 것이다. 부자들은 이러한 하나님의 뜻을 깨닫고 부의 본래의 목적을 바르게 실천해야 한다.[19]

요한은 구제야말로 신앙의 최고 덕목이라고 강조한다. 바울의 가르침에 따라 그는 "사랑은 최고의 덕이며 그리스도의 제자도의 표징이며 가장 높은 영적인 선물이다"라고 주장한다.[20] 자선은 덕의 여왕이다. 금식, 맨바닥에서 자기, 철야 기도, 말씀 묵상, 심지어 독신과 같은 금욕생활도 구제의 덕을 초월할 수 없다. 가난한 자를 돌보지 않는다면 이런 모든 영적인 훈련은 쓸모없다. 왜냐하면 구제는 타인의 유익을 구하는 것이기 때문이다.[21] 공공성의 여부가 덕의 중요성을 결정하는 잣대이다.[22] 더 나아가 요한은 구제가 없이는 아무도 구원을 받을 수 없다고 강력하게 선언한다. 이는 행위 구원이 아니라 믿음과 선행은 함께 간다는 말이다. 어리석은 처녀 비유가 이를 보여준다. 어리석은 처녀들이 준비하지 못한 기름은 구제를 뜻한다. 요한은 고대 후기에서 최고봉으로 알려진 독신생활을 하면서도 섬김을 실천하지 않으면 신랑의 혼인 잔치에 참여하지 못한다고 이야기한다.[23] 신자들에게 부지런히, 끊이지 말고 물질로 표현되는 사랑을 나눠주어야 한다.

> 이 덕(구제)을 사랑합시다. 그것을 하루, 이틀이 아니라 항상 소중히 여겨 그것이 우리를 인정하도록 합시다. 만일 이 덕이 우리를 인정한다면 주님 역시 우리를 인정하실 것입니다. 만일 그것이 우리를 인정하지 않는다면 주님도 우리를 인정하지 않으시고 "나는 너를 모른다"고 말씀하실 것입니다. 우리가 이러한 음성을 듣지 않기를 바랍니다. 대신에 "내 아버지께 복을 받은 자들아! 와서 세상 창조 때부터 너희를 위하여 준비된 하나님 나라를 소유하라(마 25:34)"는 말씀을 듣기 바랍니다.[24]

2. 헛된 영광의 특징: 머리 여러 개 달린 괴물

요한은 개인적으로 가난한 자들에게 베푸는 섬김을 매우 사랑한다고 고백한다. 또한 기회가 있을 때마다 사람들에게 이 최고의 덕을 실천할 것을 가르쳤다.[25] 동시에 이 덕을 행함에 있어서 주의해야 할 점도 알려주었다. 이때 중요한 것이 자비의 선행을 드러내지 않는 것, 즉 헛된 영광을 피하는 것이다.『마태복음 19번째 설교』에서 요한은 예수님의 교육 원리를 자신도 따르고 있다고 주장한다. 예수님은 처음부터 헛된 영광을 멀리하라고 경고하지 않는다. 산상수훈에서 천국 백성의 여러 가지 삶의 원리를 가르친 후 그것의 실천 방법을 가르친다. 헛된 영광은 그의 명령을 올바르게 따르고자 할 때 동반되기 때문이다. 예수님은 덕의 씨앗을 먼저 뿌리고 그것의 열매를 없애는 허영심을 피하라고 말한다.[26]

요한은 마태복음 6장 1절("사람에게 보이려고 그들 앞에서 너희 의를 행하지 않도록 주의하라")을 설교하면서 헛된 영광은 구제의 동기에 관한 것임을 지적한다. 이 죄는 가장 심한 영혼의 병(νόσημα)이며, 영적 폭군이며 광기(μανία)이다.[27] 여기서 사용된 '노세마', '마니아' 모두는 고대 의학에서 몸의 병과 정신병을 지칭하는 전문용어이다.[28] 이는 실제로 마음의 병이라는 것이다. 헛된 영광을 뜻하는 헬라어 '케노독시아'(κενοδοξία)는 '텅 빈' '내용이 없는' '거짓된'을 의미하는 '케노스'(κενός)와 '영광' '영예'를 뜻하는 '독사'(δόξα)의 합성어로 '빈 영광'

혹은 '가짜 영광'을 의미한다. 이로부터 라틴어 '바나 글로리아'(*vana gloria*)와 영어 vainglory가 파생되었다. 성경은 헛된 영광이란 내용이 없고 열매가 없는 어리석은 영광이라고 말한다.[29]

요한에 따르면 허영과 교만은 서로 밀접하게 관계되어 있고 때때로 동의어이다. 이론적으로는 허영은 선행의 동기, 교만은 선행의 결과이지만 현실에서 이 둘은 혼합되어 있다. 요한은 교만(φύσημα/ὑπερηφανία)은 모든 죄의 요새(ἀκρόπολις), 뿌리(ρίζα), 어머니(μήτηρ), 근원(πηγή)이라고 주장한다. 교만으로 인해 세상에 죄가 들어왔으며 그 결과 창조 세계는 어그러지게 되었다. 교만은 사탄과 아담이 범한 죄이다. 그들은 자신들의 위치에 만족하지 않고 하나님의 자리를 넘보았기 때문에 원래 지위를 상실하였다.[30] 기독교 전통은 헛된 영광과 교만의 연관성을 지속적으로 증언한다. 고대 교회 수도사 에바그리오스, 서방 교부 어거스틴, 중세 신학자 토마스 아퀴나스는 교만에서 헛된 영광이 나오고 헛된 영광이 교만을 커지게 만든다고 주장한다.[31]

요한은 흥미롭게도 이 악덕이 여러 상황에서 나타나기 때문에 머리가 많은 괴물(πολυκέφαλον θηρίον)이라고 부른다. 고대 그리스 신화에는 머리가 여러 개 달린 괴물들이 등장한다. 키마이라(Chimaira)는 머리는 사자, 꼬리는 뱀, 몸통은 숫염소로 합쳐져 있고 불을 뿜는 괴물이다. 스킬라(Skylla)는 허리 위는 아름다운 여인의 모습을 하고 있지만 아래는 6개의 개의 머리가 달려있다. 고대 철학자 플라톤(Plato, B.C.E c.427-347)은 『국가』에서 이러한 괴물들을 따라 인간의 욕망을 여러 개의 머리를 가진 짐승으로 묘사했다.[32] 요한 역시 신화의 괴물들을 언급한다. 은 요강을 만드는 귀족 여성들을 신랄하게 비판하면서 그는 이러한 사치가 스킬라나 히포켄타우르스(Hippocentaurs)의 미친 행위들을 닮았다고 주장한다. 히포켄타우르스는 황금 나무를 만들고 스킬라는 인간을 목재 황소 안으로 밀어 넣는 이상한 행동을 했다. 요한에 따르면 배설물을 은 요강에 모시는 자들은 심지어 고대의 괴물들의 해괴한 광기를 훨씬 넘어섰다고 말한다.[33] 요한은 아마도 고대의 이러한 이미지와 용례를 알았을 것이다. 그리고 의도적으로 허영심을 끔찍한 괴물에 비교함으로 이 욕망이 그만큼 혐오스럽고 멀리해야 한다는 것을 알려준다.[34]

머리가 많은 괴물로서 허영심은 특별히 그것의 특징을 보여준다. 이는 권력, 부와 사치 등을 자랑하는 죄와 관련도 있지만 더 심각한 것은 구제, 금식, 기도, 가르침과 같은 선행의 마스크를 쓸 때도 있다는 것이다. 요한은 선을 가장하는 이 악덕을 비통해한다. 겉보기는 선하지만 조금 더 들춰보면 가장 큰 악이 도사리고 있다. 선을 가장해 자기를 드러내려는 사람은 애당초 선에는 관심이 없다. 누가복음 18장 11-12절에 등장하는 바리새인의 예가 이를 잘 설명한다. 그는 사람들 앞에서 금식과 소득의 십일조와 같은 경건 생활을 모범적으로 하고 있다고 자랑한다. 심지어 세리와 비교하면서 이들과 달리 도둑질, 불의와 간음을 하지 않는다고 감사기도 한다.[35] 요한은 신자들이 선하게 살도록 성경의 모범적인 인물의 예를 들기도 하지만 악행을 경계하기 위해 반대의 인물들의 행동도 제시한다.[36] 로버트 에드워드(Robert G. T. Edwards)가 옳게 지적했듯이 요한의 성경 인물 사용은 그 자체가 가르침과 영적 치료의 도구가 된다.[37]

교부들은 하나님과 깊은 교제를 추구하는 수도사들이 오히려 헛된 영광의 유혹에 매우 취약하다고 보았다. 극단적인 고행과 금욕생활은 세상 사람들과는 다른 삶을 살고 있다고 수도사들을 교만하게 만들 수 있다.[38] 반면 그들은 또한 이전에 누리던 삶에 대한 미련으로 고통받기도 한다. 그 예가 젊은 수도사 스타기리우스(Stagirius)이다. 그는 숭고한 삶을 살기 위해 큰 부와 명예를 버렸다. 하지만 이에 대한 집착과 걱정, 후회로 우울증에 걸렸다. 젊은 수도사는 자살 시도도 여러 번 하였다. 요한은 헛된 영광에 대한 미련을 버려야만 우울증에서 벗어날 수 있다고 조언한다.[39] 허영심은 하나님이 아닌 다른 어떤 것을 존재의 증명으로 삼고자 할 때 등장한다.

3. 자기 과시와 보상: 천국의 상을 모두 갉아 먹는 좀 벌레

(1) 로마제국의 후원자 제도

『마태복음 15번째 설교』에서 요한은 가난한 자들에게 베푼 선행에 대한 보상을 요구하는 사람들을 비판한다. 그들은 요한에게 감사를 요구한다. 이에 대해 그는 잠언 19장 17절에 근거하여 하나님이 가난한 자들을 도울 때 그들에게 빚쟁이가 된다고 답변한다. 그들이 하나님께 빚을 갚아달라고 요구할 때 불쾌하게 여기지도 않고 풍성하게 갚아주실 것이다.[40] 그런데 왜 청중들이 요한에게 가난한 자들을 대신해 감사를 요구하는가? 왜 그들의 명예를 높여달라고 하는가? 이는 그리스-로마 사회의 후원제도의 배경에서 이해할 수 있다. 이 제도는 고대 그리스에서부터 시작되어 로마제국 시대에도 계속 활발히 작용하였다.[41]

고대사회는 소수가 재화를 독점하고 있었기 때문에 후원제도가 이를 분배하는 역할을 했다. 돈, 보호, 고용과 승진, 신용, 영향력, 충고 등 사실상 성공을 위한 필수요소들을 제공하였다. 후원제도는 개인적인 후원과 공적 기부가 있다.[42] 개인적인 후원은 보통 권력과 부가 높은 사람이 후견인이 된다. 후견인은 수혜자에게 도움을 주고 이에 대한 감사로 수혜자는 그의 명예와 명성을 찬양하고 충성을 다한다. 수혜자가 받은 혜택을 공개적으로 계속 자랑하는 것이 중요하다. 공적인 기부는 부유한 엘리트가 시나 대중에게 베푸는 시혜이다. 이는 신전, 극장, 거대한 회랑과 같은 공공시설의 건설과 개선, 축제와 운동경기 후원, 기근과 전염병과 같은 위기의 때의 후원 등으로 이루어져 있다. 공공 축제에 대중 앞에서 면류관을 씌워주거나 비석 혹은 동상을 세워주었다. 이는 모두 기부자의 명예를 높여주는 것과 관련이 있었다. 비석과 동상의 경우 기부자의 선행을 영구적으로 기념하는 것이다. 고대 후원제도에서 특히 주목할 점은 이것이 상호 호혜적이라는 것이다.[43] 따라서 호혜주의 관점에서 되돌려 줄 능력이 없는 가난한 자들, 노예, 외국인 등은 줄 가치가 없는 자들이었다. 이들은 수혜자 목록에서 거의 배제되었다.[44]

4세기 이후 상황이 달라졌다. 주교들은 가난한 자들에게 베푸는 기독교적인 관용을 크게 증진했다. 하지만 여전히 로마적인 후원제도가 사회의 결속과 질서를 위해 큰 역할을 했다. 고대 후기 황제의 시혜에 대한 찬양문서를 연구한 피터 판 누펠른(Peter Van Nuffelen)은 시혜자의 유익에 초점을 둔 이교적인 구호제도(*liberalitas*)가 가난한 자들에 대한 무조건적인 사랑을 강조하는 기독교적인 사랑(*caritas*)에 의해 완전히 대체되지 않았음을 밝혔다.[45]

이 호혜적 관계에서 수혜자의 감사는 매우 중요하다. 데이비드 드실바(David A. deSilva)가 옳게 지적했듯이 고대사회에서 은혜가 은혜로 보답 되지 않는다면 그것은 손상되고 추한 것으로 떨어진다.[46] 로마의 정치가이자 철학자인 키케로(Cicero, B.C.E. 106-43)는 은혜에 대한 감사를 의무라고 주장했다. 호의를 받은 사람은 자신이 가진 최대의 것을 기부자에게 돌려야 한다. 감사로 보답하는 것보다 수혜자에게 더 큰 의무가 없다.[47] 스토아 철학자이자 로마의 정치가인 세네카(Seneca, B.C.E c.1-C.E. 65) 역시 마찬가지이다. 선물 베푼 사람 앞에서만 아니라 어디서든지 자신의 감정을 억누르지 말고 기쁜 마음으로 감사를 표현하는 것이 은혜를 갚는 것이다. 그는 만일 어떤 사람이 공개적으로 감사하기 싫다면 선물을 받을 가치가 없다고 단언한다.[48] 배은

망덕은 심각한 악덕으로 간주이다. 감사하지 않는 마음으로 인해 공공과 개인의 삶에 중요한 관대함이 줄어들고 결국 모든 인류에게 해를 준다. 이는 심지어 신들에 대한 반역으로 취급되었다. 은혜가 여신이기 때문이다.[49]

이렇게 보답의 감사가 중요한 사회체계 속에서 요한 공동체에 속한 부자들은 가난한 자들이 아무런 반응이 없는 것을 의아해했고 급기야 요한에게 감사를 요청했다. 하지만 요한은 여기서 기독교적인 가치에 따라 사회 관습을 따르지 않는다. 속이 빈 거짓된 영광을 추구하는 것은 모든 경우에 있어서 끔찍하지만, 특히 가난한 자를 돕는 자비의 행동과 연관이 있을 때는 가장 잔인하고, 가장 비인간적이다. 가난한 자들의 고통과 비참을 자신의 평판을 올리는 데 사용하기 때문이다. 오직 칭찬과 명예만 관심을 가지며 가난한 자들은 기부자의 유익을 위한 도구일 뿐이다. 요한은 한편에서는 굶주림으로 사람이 죽는 데는 관심이 없고 사람들의 인정만을 받으려고 하는 행태를 강하게 꾸짖는다. 단도직입적으로 영광을 얻으려고 거리와 회당에서 구제하는 위선자들의 악행(마 6:2)은 완전히 미친 짓이며 역겨운 것이라고까지 말한다.[50] 성도들은 이 영적 정신병에서 멀어져야 한다.

(2) 구제와 보상

요한은 하나님이 구제자에게 반드시 복($\mu\iota\sigma\theta\acuteo\varsigma$)을 약속하셨음을 강조한다. 그의 대부분의 구제 설교는 복에 대한 선언과 약속으로 끝난다. 헛된 영광이 자비의 선행의 모든 유익을 파괴한다고 할 때 이는 구체적으로 무엇을 의미하는가? 요한은 하늘에 쌓인 모든 보물이 없어진다고 주장한다(마 6:1-2).[51] 요한은 보상이 무엇인지 구체적으로 정의하지 않는다. 그의 책과 설교에 나오는 보상에 대한 언급을 종합하면 그것은 물질적인 혹은 영적이며 때때로 구원, 즉 영생 자체를 뜻하기도 한다. 또한 요한은 이 땅에서도 하나님이 상급을 주신다고 말한다. 그는 미래의 상급이 허황된 말장난이 아니라 실재임을 계속 강조한다. 크리스토퍼 홀(Christopher Hall)은 요한이 미래의 보상과 심판의 실제에 대한 확신 위에서 목회와 신학 작업을 시행해나갔다고 밝힌다.[52]

하지만 보상이 눈에 보이지 않기 때문에 어떤 성도들은 믿지 않았다. 그들은 아무도 천국에 갔다 오지 않았기 때문에 어떻게 그것을 믿을 수 있느냐고 반론한다. 요한은 비록 영적인 실재는 볼 수 없을지라도 유비(analogy)를 통한 추론으로 알 수 있다고 답한다. 우리가 어떤 사람의 공로에 대해 상을 주듯이 하나님도 동일하다는 것이다. 노예의 주인이나 황제가 자유, 면류관과 상금을 주듯이 하나님은 자신의 명령을 지키기 위해 고군분투하는 신자들의 노력에 답할 것이다. 또한 그 보상은 상상할 수 없다.[53]

초대 교부의 부와 가난 설교는 종말론적인 전망 속에 있다. 이 세상에서의 선과 악은 마지막 날에 보상과 심판으로 보응 받는다.[54] 이와 같은 가르침은 요한에게도 볼 수 있다. 시릴 크레피(Cyrille Crépey)는 요한의 목양과 구제 사역 가운데서 보상에 대한 강조가 얼마나 중요한 역할을 하는지 잘 보여주었다.[55] 천국의 상급은 사람들에게 미래의 복에 대한 희망을 불러일으켜 선행을 할 수 있는 동기를 제공한다. 또한 구제의 부담감을 덜어주고 힘들고 어려운 일이 있을지라도 끝까지 인내할 수 있다. 요한은 우리의 관심을 예비 된 복에 둔다면 기쁜 마음으로 자비를 실천할 수 있다고 가르친다. 특히 결심이 약한 사람들에게 큰 도움을 줄 것이다.[56]

보상의 근거 구절은 마태복음 6장 19-20절이다(마 6:3-4 참조).[57] 이 구절은 유대-기독교 전통의 구제사상 형성에 매우 중요한 역할을 했다. 특히 투자, 거래, 송금과 같은 경제용어로 구제와 보상을 설명하는 근거가 되었다.[58] 요한은 이 구절을 설교하면서 그리스도가 산상수훈을 듣고 있는 청중들을 자비의 덕으로 인도하기 위해 보상을 제시한다고 말한다. 만일 사람들이 가난한 자들에게 물질을 나누어준다면 그들의 재산을 좀, 동록, 도둑으로부터 안전하게 지킬 뿐만 아니라 많이 증가할 것이다.[59]

(3) 모든 보상을 파괴하는 자기 드러냄

헛된 영광을 추구하는 것은 기대와는 반대로 큰 손실을 초래하게 될 것이다. 구제는 우리에게 큰 유익을 주는데 허영심이 이 모든 것을 무효로 만든다. 요한은 이 욕망이 덕의 열매를 망친다고 주장한다. 의의 씨앗이 뿌려져 풍성한 열매를 맺었는데 모든 농사가 헛되게 된다. 요한은 이를 몇 가지 비유를 통하여 설명한다. 마태복음 6장 1절의 '구제의 선행을 남들 앞에 보이지 않도록 주의하라'는 말씀에서 '주의하라'에 주목하면서 여기서 예수님이 마치 야생짐승에 대해 말하는 것처럼 보인다고 이야기한다. 야생짐승이 소리도 없이 몰래 들어와서 모든 것을 다 해쳐놓듯이 헛된 영광이 구제의 열매를 이렇게 파괴한다는 것이다.[60] 또한 헛된 영광의 가면을 쓴 구제는 몸을 파는 창녀로 전락한 공주와 같다. 왕은 딸을 고귀하게 키우려고 하지만 음흉한 계획을 가진 유모가 들어와 이 계획을 무산시킨다. 그녀는 공주를 불명예스럽고 치욕스러운 곳으로 인도한다. 겉보기에는 온갖 아름다운 것으로 키워주는 것 같지만 실상은 그렇지 않다. 잘못된 유모로 인해 공주는 예전으로 돌아오지 못하고 결국 아버지도 떠나게 된다.[61]

난공불락의 하늘의 보물창고가 파괴되는 경우가 단 한 가지가 있다. 그것은 헛된 영광을 추구할 때이다. 요한에 따르면 사람들의 칭찬을 구하는 자들은 모든 하늘의 보상을 잃으며 심지어 영생도 상실하게 된다고 주장한다. 그들은 "너희의 모든 상을 잃어버렸다(마 6:1-2)"는 그리스도의 무서운 음성을 듣게 될 것이다.[62] 그들의 처지는 마치 항구 바로 앞에서 침몰한 배와 같다.[63] 숱한 고난을 견디며 항구까지 왔지만 마지막 고비를 넘기지 못해 지금까지의 모든 노력이 물거품이 되었다. 요한은 아이러니하게 아무도 훔치지 못하는 보물을 그들 스스로 파괴했다고 한탄한다. 헛된 영광을 좀과 도둑으로 비교하면서 이를 생생하게 묘사한다.

> 여러분은 사람들로부터 자비롭다고 불리길 원합니까? 그렇
> 다면 얻는 것은 무엇입니까? 얻는 것은 아무것도 없지만, 손
> 실은 무한합니다. 여러분이 증인이 되어달라고 요청하는 바
> 로 그 사람들이 천국에 있는 여러분의 보물들의 도둑이 됩니
> 다. 아니, 우리의 소유물들을 망치고 우리가 하늘에 쌓아 놓
> 은 것을 흩어버리는 사람은 그들이 아니라 바로 우리 자신입
> 니다. 오 새로운 재난이여! 이 이상한 욕망이 그렇습니다. 좀
> 도 부패시키지 못하고 도둑도 뚫고 들어 올 수 없는 그곳을 헛
> 된 영광이 흩어버립니다. 이것이 그곳에 있는 보물의 좀입니
> 다. 이것이 하늘에 있는 우리의 부의 도둑입니다. 이것이 망칠
> 수 없는 부를 훔쳐 갑니다. 이것이 모든 것을 망치고 파괴합
> 니다. 사탄이 그 장소가 강도와 벌레와 보물에 대한 다른 음모
> 들에 정복될 수 없는 난공불락임을 보고 헛된 영광으로 그 부
> 를 빼앗습니다.[64]

땅의 좀, 벌레와 도둑을 피해 어떤 누구도 손 댈 수 없는 가장 안전
한 장소에 보물을 보관한다고 할지라도 허영심이 천국의 좀과 도둑이
되어 모든 것을 파괴한다. 이것이 사탄의 마지막 전략이다. 사람들이
주의하지 않는다면 사탄의 교묘한 유혹에 넘어갈 것이다.

4. 극복방안

(1) 은밀함: "왼손도 모르게"

요한은 자비의 선행을 완전히 파괴하는 헛된 영광의 추구를 극복하는 방안들을 제시한다. 죄를 지적하고 비판할 뿐만 아니라 대안까지 제공한다. 우선적으로 하나님으로부터 구제의 기술(τέχνη)을 배워야 한다. 요한에 따르면 하나님이 이 분야의 최고의 교사이다. 하나님이 구제를 가장 잘 알며 완벽하게 실천하고 그 방법을 알려 줄 수 있다.[65] 4세기 이후 예술, 기술, 신학에 대한 교부들의 입장을 연구한 모웨나 루드로우(Morwenna Ludlow)에 따르면 기술이라고 불리는 'τέχνη'(테크네)는 상당히 폭넓은 의미가 있다. 고대는 현대와는 달리 예술, 기술, 그리고 그 안의 세부적인 영역들이 확실하게 나뉘지 않았다. 루드로우는 고대 세계에서 기술은 네 가지 특징을 가지고 있다고 주장한다. 첫째, 기술은 지식영역과 관련이 있다. 둘째, 기술은 선생의 개인적인 제자가 되어 모방하는 것으로 습득되었다. 셋째, 기술은 사회의 선을 이루기 위한 것이다. 넷째, 기술은 관찰할 수 있는 결과를 낳는다.[66]

여기서 두 번째 요소를 주목할 필요가 있는데 고대인들은 철저히 도제제도(apprenticeship)를 통해 기술을 전수했다. 제자는 교사와의 친밀한 관계 속에서 시간과 노력을 투자하는 헌신을 통해 기술을 익혔다. 이 때 주된 교육의 방법은 선생의 모범을 따라 하는 것이었다. 이런 점에서 요한은 구제의 최고의 장인인 하나님에게 가서 보고 따라 하라고 권한다. 만일 학생이 특정 기술을 배우고 싶다면 전문가에게 가야 한다. 즉, 레슬링 선수, 검투사 혹은 연설가가 되길 원한다면 각 분야의 선생의 학교를 방문해야 한다. 하지만 레슬링을 배우기 원하는 사람이 생선 장수나 약초 가게에 간다면 잘못된 것이다.[67]

자선(philanthropy)의 선생으로서 하나님은 견습생들에게 은밀하게 구제하라고 명한다. 이는 마태복음 6장 3-4절에 근거한다.[68] 여기서 흥미로운 점은 요한이 구제를 성례(μυστήριον)로 규정한다는 점이다. 따라서 누구든지 자기 영광을 위해 가난한 자들을 희생시키는 자들은 하나님의 거룩한 성례를 더럽힌다.[69] 가난한 자들은 하나님의 성전이며 신자들이 그들의 선물을 하나님께 드리는 제단으로 간주된다. 왜냐하면 그리스도가 가난한 자들 가운데 있기 때문이다(마 25:31-46)[70] 구제가 성례라는 요한의 놀라운 발언은 또한 무엇이 성례인가에 대한 그의 생각에 근거한다: "우리의 성례는 무엇보다도 구제와 하나님의 사랑이다(Καὶ γὰρ τὰ μυστήρια τὰ ἡμέτερα τοῦτο μάλιστά ἐστιν ἐλεημοσύνη καὶ φιλανθρωπία Θεοῦ)." [71]

요한에 따르면 성례의 본질은 사랑이다. 하나님의 큰 자비로 자격이 없는 우리가 사랑받았다. 이 주장을 뒷받침하기 위해 요한은 구체적으로 성찬의 중보기도를 예로 사용한다. 이 중보기도들은 모두 자비로 충만하다. 성찬 시작 때 세 번의 중보기도를 귀신 들린 자들과 참회자들, 그리고 성찬에 참여하는 성도들을 위해 드린다. 자녀들이 부모

(기독교인)를 위해 중보한다. 아이들은 겸손하여 하나님이 그들의 기도를 받기 때문이다. 요한은 성찬 참여자들은 이 예식이 얼마나 자비로 가득한지를 안다고 선언한다. 사실상 성찬은 자비 그 자체이다. 성찬의 정의에 기초해서 요한은 스스로 임명된 사제로서 기부자들은 구제의 성찬이 거룩해지도록 문을 닫아야 한다고 주장한다. 심지어 도움을 받는 사람들도 모를 정도로 은밀하게 자비를 행해야 한다고 과장하기도 한다.[72]

물론 요한은 은밀한 자선을 근본적으로 행동이 아니라 마음(γνώμη), 즉 태도의 문제로 보았다.[73] 이 점을 계속 강조한다. 아무도 가난한 자를 돕는 것을 항상 완전히 비밀스럽게 할 수 없기 때문이다. 만일 그렇지 않다면 사람들이 선행하기를 꺼려할 수도 있다. 또한 공적으로 드러난다고 해서 그 사실만으로 구제의 효과가 없어지지 않는다. 사람에게 보이려고 의를 행하는 것을 경고하는 마태복음 6장 1-4절의 그리스도의 명령을 주석하면서 요한은 하나님은 구제자의 의도에 따라 보상하고 심판하신다고 지적한다.[74]

> 그는(그리스도) 행동의 결과가 아니라 행위자의 목적(προαιρέσει)으로 벌과 보상을 결정한다. 즉 여러분이 "뭐라고요? 다른 사람이 본다면 제가 최악이라고요?"라고 말하지 않기 위해 그는 다음과 같이 말한다: "이것이 내가 찾는 것이 아니라 네 마음(διάνοιαν)과 네 행동의 태도를 추구한다." 그는 우리의 영혼을 만들고 그것이 모든 질병으로부터 벗어나길

원한다… "네 왼손이 네 오른손이 하는 바를 모르게 하라"(마 6:3). 여기서 다시 그는 손에 대한 수수께끼와 같은 말을 하는 것이 아니라 과장되게 그것을 제시하는 것이다. 이는 다음과 같은 의미이다. 그가 이르기를 "만일 너희 스스로 그러한 일을 모를 수 있다면 그것을 열정적으로 추구하라. 즉, 그것이 가능 하다면 이를 행하는 바로 그 손도 모르게 하라."[75]

비록 구제자가 사람들이 보지 않는 곳에서 섬김을 행한다고 해도 보이지 않는 마음으로 명예와 칭찬을 추구한다면 그것의 가치는 사라 진다. 요한은 보이는 구제가 영광을 추구하지 않을 수 있으며 반대로 보이지 않는 구제가 칭찬을 구할 수 있다는 점을 알고 있었다. 레이 몬드 레어드(Raymond Laird)가 잘 보여주었듯이 하나님은 마음을 평 가한다.[76]

순수한 동기는 고대 후원제도도 강조했던 중요한 행동 원칙이었 다. 선물 주고받기 관행은 호혜성에 기초해있다. 헬렌 레(Helen Rhee) 가 지적하듯이 "후견인-피후견인 관계는 그레코-로만 세계의 호혜주 의(reciprocity) 윤리에 근거할 뿐만 아니라 그 문화를 만들었다."[77] 많은 학자가 4세기 기독교 공인 이후 교회가 이교도들의 명예추구적인 기 부제도를 무조건적인 사랑의 실천으로 변혁했다고 주장했다. 그들은 자기 유익적인 로마의 시혜제도와 기독교인들 사랑의 구제를 대립적 으로 이해했다.[78] 요한 역시 당시의 후원자들이 명예에 집착하고 있다 고 강하게 비판했다.[79]

하지만 현실에서 그 모습이 변질 될 수 있었지만 이교인들 역시 후원자들의 자발성을 동일하게 가르친다. 세네카는 『은혜에 대하여』(De beneficiis)에서 기부자는 보상을 바라지 말고 받는 사람을 위해 순수하고 자발적으로 선행을 해야 한다고 말한다. 은혜를 저버리는 사람들, 감사를 표현하지 않은 배은망덕한 사람이 아무리 많아도 은혜 베풀기를 단념하지 말고 오직 관대함 자체를 목적으로 삼아야 한다. 또한 자신에게 되돌아오는 것을 계산하지 말고 은혜 베푸는 즉시 그것을 잊어야 한다. 세네카는 무엇보다도 중요한 것이 후견인의 의도임을 강조한다.[80]

더 나아가 그는 관대함은 신을 닮아가는 고귀한 덕임을 상기시킨다. 태양이 악인에게도 떠오르고 비가 선인과 악인을 가리지 않는다(Ben. 4.26.1, 4.28.1) 신들은 감사하지 않고 신앙심이 없는 자들에게도 자신의 관대함을 나타낸다(Ben. 1.1.9).[81] 물론 후견인들이 피 후견인들의 자질을 잘 판단할 것과 은혜를 입은 자들은 빚으로서 보답을 반드시 해야 한다는 양립할 수 없는 가르침들이 있다. 그러나 은혜를 베푸는 자들에게 요구되는 덕목은 돌아올 유익을 계산하지 않는 순수함이다. 그렇지 않다면 그것은 투자이며 고리대금업으로 전락할 뿐이다.[82] 키케로 역시 호의는 인간의 본성에 해당하는 것으로 과시를 위한 베풂은 받는 사람을 오히려 해치는 것이라고 말한다.[83]

여기서 로스캄의 주장을 살펴볼 필요가 있다. 『헛된 영광과 자녀교육에 대하여』(De inani gloria et de educandis liberis)에 등장하는 이교 공적 기부에 대한 요한의 평가가 객관성을 상실했다는 것이다. 그 근거로 고대 작가들이 사회적 제도의 긍정적인 기여를 많이 기록했다는 점을 제시한다. 플루타르크(Plutarch, B.C.E. c.45-120)에 따르면 부자들은 대중들의 경건을 증진시키기 위한 숭고한 목적을 위해 축제에 기부하였다. 디오게네스(Diogenes of Oenoanda)는 공공건물 건축 비용을 후원하면서 모든 벽에 에피쿠로스 학파의 핵심적인 가르침을 새기도록 했다. 로스캄은 요한의 편향적인 평가가 그의 책 1장의 목적, 즉 헛된 영광 비판하는 문맥 속에서 후원제도를 다루었기 때문이라고 지적한다.[84] 이런 점에서 요한의 시대에 로마의 후원제도는 원리상으로는 순수함을 강조했지만 실제로는 그렇지 못했다고 생각할 수 있다.

(2) 명예 추구의 역설: "저 사람 말이지 정말 나쁜 사람이야"

헛된 영광을 피하는 두 번째 방법은 그러한 행동이 오히려 당사자의 명예를 떨어트린다는 것을 아는 것이다. 요한은 부자들로부터 찬양을 요구받은 사람들이 오히려 그들을 욕한다고 경고한다. 그들이 친구라면 드러내놓고 하지는 않지만, 원수라면 공개적으로 기부자들의 불순한 의도를 비판할 것이다. 구제자가 가난한 자들을 불쌍히 여기는 마음으로 도운 것이 아니라 이 상황을 이용하여 보여주기를 좋아하고 명예를 얻기를 원한다고 소문낸다.[85]

구제의 상황은 아니지만 헛된 명예욕이 오히려 화를 불러온다는 주장은 『마태복음 89번째 설교』에도 등장한다. 거기서 요한은 값비싼 옷과 액세서리를 좋아하는 부유한 귀족 여인들의 사치를 고발한다. 그들은 사람들이 자기를 부러워한다고 생각하지만 실제로는 반대 현상이 벌어진다. 교회로 오는 길에 마주친 걸인들은 그들의 탐욕과 과시욕을 비웃는다. 교인들은 그러한 사치가 소박함을 보여주어야 할 교회의 참모습을 해친다고 수군거린다. 하지만 이러한 비웃음보다 더 심각한 것은 그들의 영혼의 병이 위중하다는 것이다.[86] 허영심의 폐해는 불명예와 영혼의 병뿐만 아니라 하늘의 보상을 포함한 영생까지이다. 요한은 구제의 선생인 하나님의 가르침, 즉 은밀히 선행을 하라는 지도를 따르지 않는 학생들은 상상할 수 없는 불이익을 얻게 될 것이라고 경고한다.

> 다른 기술에서는 오직 교사만을 찾으면서 여기서는 반대의 일은 한다는 것은 얼마나 터무니없는 일입니까? 실상 손해는 같지 않지만 말입니다. 여러분이 교사의 생각이 아닌 대중의 생각에 따라 레슬링을 한다면 손실은 레슬링에 있습니다. 하지만 여기서는 영생입니다. 여러분은 구제하면서 하나님을 닮아갑니다. 과시하지 않는 점에서 그를 닮아 가십시오. 심지어 그는 사람들의 병을 고쳐주실 때 그들이 어떤 사람에게도 말해선 안 된다고 하였습니다.[87]

(3) 미래의 소망: 상상을 초월하는 상급

마지막으로 요한은 궁극적으로 천국에서 받을 영광과 명성을 소망하라고 말한다. 세상의 영광을 포기하는 사람에게는 하늘의 보상이 풍성하다. 은밀히 가난한 자들을 도운 구제자들은 천국에서 엄청난 상급을 받을 것이다(마 6:4). 여기서 그리스-로마 후원제도와 차이점을 보인다. 이교도들은 후원에 대한 내세의 보상을 믿지 않았다. 그들에게 보상은 현세적이며 일시적이다. 하지만 그리스도인이 받는 보상은 사회에서 약속된 것보다 훨씬 크고 영원하다. 또한 기부자들의 조건 없는 관대함을 요구했지만, 수혜자들의 감사 역시 의무사항이었다. 수혜자들은 후견인에게 빚졌다. 하지만 기독교의 구제에서는 수혜자들에게 어떤 의무도, 빚도 없다. 왜냐하면 하나님이 그들을 대신해 빚쟁이가 되기로 자청했기 때문이다(잠 19:17). 따라서 진정한 의미에서 비계산적인 자비는 요한의 청중들이 할 수 있다. 요한은 변혁된 하나님의 후원제도를 제시하면서 로마의 세속적인 문화에 뿌리 깊게 박힌 신자들의 세계관을 변화시키려고 했다. 기존의 관념과 가치체계를 신학과 성경의 바탕에서 차용하는, 유타 트로카(Jutta Tloka)가 적절히 명명한 것처럼, '기독교적인 헬라인'(Christliche Griechen)이다.[88]

이 땅에서 행한 선행의 최종결산은 죽음 이후 영원한 세계에서 이루어진다. 하나님은 우리의 모든 것을 알고 있으며 우리의 유익은 현세에 제한되어 있지 않다. 최후의 심판이 있으며 그때 크든, 작든 모든 행위에 대한 보상과 심판이 있을 것이다. 요한은 하나님 앞에서는 어떤 행위도 숨길 수 없다고 분명히 말한다.[89]

이제 그는 당시 사회 기부제도의 이미지들을 사용하여 순수한 동기에서 가난한 자들을 도와준 기부자들에게 약속된 천국의 상급을 묘사한다. 부유하고 유력한 엘리트들은 공공건물 혹은 축제 등에 많은 돈을 기부하고 그 대가로 사람들의 존경과 칭찬을 들었다. 극장에서 대중들로부터 찬양받기도 했고 때때로 그들의 조각상 혹은 비문이 세워졌다. 천국극장 이미지를 사용하여 요한은 후원자들이 온 우주뿐만 아니라 하나님으로부터 영광과 칭찬을 받을 것이라고 선언한다.

> 그를 위해 크고 위엄 있는 극장(θέατρον)을 만들어 그가 원하는 바로 그것을 매우 풍성하게 주며 그(예수)는 말씀합니다. "무엇을 원하는가? 앞으로의 일을 볼 관중 몇 사람 아닌가? 주목하라. 몇 사람이 있다. 즉, 천사도, 대 천사도 아닌 모든 창조물의 하나님이다." 만일 사람 관중이 있기를 바란다면 이러한 소원 역시 그는 그 적절한 시기에 빼앗지 않고 오히려 훨씬 더 많이 제공합니다. 만일 여러분이 지금 과시하고 싶다면 겨우 열 명 혹은 이십 명 혹은 (여러분들은 말할 것입니다) 백 명에게 보일 뿐입니다. 그러나 만일 지금 숨기려고 노력한다면 하나님 자신이 온 우주 앞에서 여러분을 호명할 것입니다. 여러분의 선행을 볼 사람이 있기를 원하면 숨기십시오. 그러면 나중에 모든 사람이 더 큰 영광으로 그것을 볼 것입니다. 하나님이 그것을 드러내고 높이며 모든 사람 앞에서 선언하기 때문

입니다. 지금 보는 사람들은 여러분에 대하여 헛된 영광을 추구하는 사람이라고 비난합니다. 하지만 그들이 면류관을 쓰고 있는 여러분을 볼 때는 비난하지 않을 뿐만 아니라 모든 사람이 여러분을 존경할 것입니다. 따라서 미래에 보상받고 더 큰 명예를 거둘 것이기 때문에 하나님으로부터 보상을 구하기를 바랍니다. 하나님이 앞으로 일어날 일을 알리려고 사람을 모으고 지켜 보고 있는 동안 단지 약간 기다리다가 이 둘을 버리는 것이 얼마나 어리석은지 생각하길 바랍니다. 만일 보여주어야 한다면 무엇보다도 아버지에게 보여주어야 합니다. 이는 무엇보다 면류관과 벌을 줄 수 있는 능력이 주 아버지에게 있을 때 그렇습니다. 그리고 만일 심지어 벌이 없어도 영광을 원하는 사람이 이 극장(θέατρον)을 없애고 그곳의 사람을 맞바꾸는 것은 옳지 않습니다. 왕이 서둘러 와서 그의 업적을 보기 원하는데 막아서서 거지와 구걸자로 극장(θέατρον)을 만드는 사람만큼 불쌍한 사람이 어디 있습니까?[90]

후원자를 위해 극장에서 베풀어진 기념행사는 고대 후기 사람들에게 익숙한 광경이었다. 많은 사람들이 보는 앞에서 그에게 면류관을 씌워주었다. 요한의 텍스트 세계를 분석한 얀 스텐저(Jan R. Stenger)에 따르면 요한의 설교에는 극장, 연회, 운동경기 등과 같이 다양한 영역에서의 이미지, 비유와 메타포들이 등장한다. 이러한 문화적 도구들을 자세히 묘사하여 마치 청중들이 눈으로 보는 것과 같은 시각화 작업(ἔκφρασις)을 한다. 이러한 상상의 세계는 그들에게 저장된 기억과

감각, 그리고 상상을 자극한다. 스텐저가 적절하게 지적했듯이 요한의 담화는 이성의 영역을 넘어 보고, 느끼고, 체험하게 한다.[91]

하나님의 후원제도에서 몇 가지 눈여겨볼 점들이 있다. 우선, 보상과 명예가 상상을 초월한다. 세상에서는 열 명에 많으면 백 명이지만 천국에서는 온 우주와 하나님 앞에서 면류관을 받을 것이다. 또한 이러한 명예 수여식은 개인적인 후원에서는 황제와 같은 특별한 사람을 제외하고는 이루어지지 않는다. 도움을 받은 개인이 기회 있을 때마다 공공장소에서 후원자를 자랑하는 정도였다. 하지만 천국에서의 상급은 고대사회에서 아무도 알아주지 않는 가난한 자에게 비록 은밀하게 베푼 작은 도움이라 할지라도 영광은 어떤 공적 기부보다 훨씬 크다. 둘째, 기독교적인 후원제도는 명예와 영광을 포기하는 것이 아니다. 오히려 정말 원하는 바를 실현한다. 하지만 세상의 명예, 인정, 찬양이 아닌 하늘의 영광이다.[92] 데이비드 라일라르스담(David Rylaarsdam)이 주장한 것처럼 요한은 원하는 바를 참되게 이루는 방법을 제시함으로 잘못된 욕망을 치료한다.[93] 『마태복음 19번째 설교』의 탐심의 치료에서 동일한 방법이 시도된다. 요한은 성도들에게 왜 그들을 부를 저장하는지 물어보고 만일 그것을 하늘에 쌓는다면 원하는 바를 얻을 수 있다고 자신 있게 말한다. 그들의 부는 안전할 뿐만 아니라 엄청나게 증가할 것이다.[94]

요한 공동체의 신자들이 세속적인 명예를 이기기 위해서는 하나님이 약속한 영광을 바라보아야 한다. 영광스럽고 희망찬 미래에 대한 소망은 이 세상에 속한 것들을 아무것도 아닌 것으로 볼 수 있도록 만드는 강력한 도구이다. 요한은 성례로서의 구제를 비밀히 할 것을 교훈하면서 다음과 같이 설교를 마친다.

> 여러분이 찬양하라고 하는 바로 그 사람이 여러분을 정죄한다는 점을 생각하십시오. 그가 친구라면 속으로 욕하겠지만 만일 여러분을 싫어하는 사람이라면 다른 사람 앞에서 여러분을 조롱할 것입니다. 그러면 여러분은 원하는 바와는 정반대의 경험을 할 것입니다. 사실상 여러분을 자비로운 사람이라고 불러주기를 원하지만, 그는 그렇게 부르지 않고 헛된 영광을 추구하는 자, 사람을 기쁘게 하는 자, 이러한 명칭보다 훨씬 더 나쁜 다른 이름으로 여러분을 부를 것입니다. 그러나 만일 여러분이 숨긴다면 그는 여러분을 이와 반대된 모든 명칭으로, 즉 인자하고 자비로운 자라고 부를 것입니다. 왜냐하면 하나님은 그것이 숨어있도록 하지 않기 때문입니다. 오히려 여러분이 숨긴다면 그는 그것을 드러나게 할 것이며 영광은 더 크며 보상도 더 클 것입니다. 영광 받는 바로 이 목적에도 과시는 우리에게 반대의 결과를 가져옵니다. 우리가 서두르고 갈망하는 바로 그것, 특별히 이 점에서 바로 그 과시는 우리에게 반대됩니다. 자비롭다는 영광을 얻는 게 아니라 그 반대의 것을 얻고 게다가 우리는 큰 손실을 겪습니다. 모든 점에서 여기서 벗어나 오직 하나님의 영광만을 사랑합시다. 그러면 우리는 우리 주 예수 그리스도의 은혜와 사랑으로 여기서도 영광을 얻고 영원히 좋은 것들을 누릴 것입니다. 그에게 영광과 능력이 영원무궁토록 있기를 바랍니다. 아멘.[95]

영원한 영광에 대한 소망

　요한은 고대 후기 문화 속에 사는 그리스도인들에게 깊이 뿌리박혀 있는 과시욕을 없애고자 노력했다. 자기 계산적으로 변질된 이교 후원제도와 구별되도록 신앙의 구제는 순수한 사랑의 동기에서 행해져야 했다. 하지만 안디옥 신자들은 여전히 시대의 사람들로 살고 있었다. 요한은 구제를 기독교인의 최고의 덕목으로 규정할 만큼 누구보다 이 선행을 강조하고 자주 가르치면서 바른 동기를 중요하게 여겼다. 헛된 영광은 심각한 죄이자 악덕이다. 이는 머리가 여럿 달린 괴물로 권력, 부, 사치를 추구하는 것과도 관련이 있지만 구제, 금식, 기도와 같은 선행의 동기도 된다. 이 중에서도 영광과 보상을 구하는 구제는 가난한 사람들을 이용한다는 점에서 가장 악하다. 요한은 헛된 영광을 추구하는 것은 큰 손실을 초래하게 될 것이라고 경고한다. 구제는 우리에게 큰 유익을 주는데 명예를 위한 구제는 하늘에 쌓인 보상을 없앤다. 가난한 자들을 도우면 하늘에 보물이 쌓이지만 헛된 영광은 아무도 파괴할 수 없는 그곳의 보물을 없애는 좀, 동록, 도둑이다. 사람들로부터 칭찬을 구하는 자들은 스스로 영원한 상급을 파괴하는 어리석은 사람들이다. 또한 상급과 더불어 영원한 생명도 잃을 위험에 처한다.

　요한은 헛된 영광을 극복하기 위해서 구제의 최고의 교사인 하나님의 가르침대로 은밀하게 해야 한다고 주장한다. 구제는 사랑의 관점에서 성례로 간주되는데 보이기 위한 구제는 바로 하나님의 성례를 더럽히는 것이다. 여기서 비밀성은 근본적으로 마음과 관련되어 있음을 지적한다. 또한 세상의 영광을 추구하는 일은 그 반대의 결과를 낳음을 기억해야 한다. 명예를 돌릴 것을 요구받은 수혜자들은 오히려 욕을 할 것이다. 마지막으로 요한은 천국에서 얻을 영광을 바라볼 것을 강조한다. 이교인들의 공적 기부제도의 이미지들을 사용하여 순수한 동기에서 가난한 자들을 도와준 기부자들에 대한 엄청난 천국의 상급을 묘사한다. 그들은 천국의 대극장에서 온 우주뿐만 아니라 하나님으로부터 영광과 칭찬을 받을 것이다. 그 영광은 세상의 것과 비교할 수 없을 만큼 크고 찬란할 것이다.

요한은 성경의 관점에서 그리스-로마 후원제도를 하나님의 후원제도로 변혁하여 신자들이 그 세계관 안에서 생각하고 행동하도록 유도하였다. 이러한 제도 속에서 천국의 보상은 매우 중요한 역할을 한다. 구제와 헛된 영광에 대한 요한의 담론은 종말론적인 보상이라는 큰 그림을 중심으로 헛된 영광의 본질과 폐해, 그리고 극복방안이 체계화되어 있다. 비록 이 주제에 대한 요한의 주장이 여러 작품들에 흩어져 있지만 그의 사상은 결코 파편적이거나 단편적이지 않다. 부자들을 포함한 신자들이 세속의 문화에 따라 세상에서 칭찬을 구하면 모든 보상은 사라진다. 하지만 영원한 보상을 바라보며 이 땅에서 순수하게 가난한 자들을 돕는다면 이후의 명예와 칭찬은 상상을 뛰어넘을 것이다. 그들의 선행을 갚아야 할 빚을 진 존재가 하나님이기 때문이다. 기독교적인 후원제도에서는 가난한 자들에 대한 순수한 사랑의 실천과 엄청난 보상이라는 양립할 수 없을 것처럼 보이는 것들이 실현될 수 있다. 하나님에 대한 믿음과 천국의 소망으로 세속적인 헛된 영광을 극복할 수 있다.

이와 같은 요한의 가르침은 오늘날 우리에게도 시사하는 바가 크다. 먼저 가난한 자들에 대한 사랑이 그리스도인의 정체성에서 가장 중요하다는 교훈이다. 이웃 사랑으로 나타나지 않는 하나님 사랑은 존재하지 않는다. 또한 종말에 대한 인식이다. 현재 우리는 실제적으로는 무 종말론 주의자처럼 살아간다. 하지만 하나님이 모든 행위를 판단하는 최후의 날이 있다는 점을 잊어서는 안 된다. 마지막으로 하나님이 주실 천국의 상급을 바라보며 묵묵하게 자비와 사랑을 실천해야 한다는 것이다. 알아주는 사람이 없고 당장에 빛을 보지 못해도 모든 일을 이루는 분은 하나님이며 그분이 모든 노력에 대하여 우리의 생각으로는 상상할 수도 없을 만큼의 복을 주신다는 점을 믿고 사모해야 한다. 이러한 종말론적인 신앙은 가난하고 소외된 자를 향한 사랑을 실천하는 참된 그리스도인의 삶을 기쁨으로 감당할 수 있는 강력한 힘이 될 것이다.

인용된 요한 크리소스톰의 작품 목록과 약어

약어	라틴어이름	우리말 이름
Hom. in Mt	*In Matthaeum hom. 1-90*	『마태복음 설교』
Eleem.	*De eleemosyna*	『구제설교』
Sac.	*De sacerdotio*	『성직론』
Hom. in Phil.	*In epistulam ad philippenses (hom. 1-15)*	『빌립보서 설교』
Hom. in Jo.	*In Johannem homiliae 1-88*	『요한복음 설교』
Hom. in Col.	*In epistulam ad Colossenses (hom. 1-12)*	『골로새서 설교』

[함께 생각해 볼 질문들]

1. 초대 그리스도인은 허영심을 영적인 죽음에 이르게 하는 대죄로 보았습니다. 여러분은 이에 대해 어떻게 생각하십니까? 왜 나를 알아주지 않냐고 불평한 적이 있었습니까?

2. 헛된 영광이 특히 선행의 동기가 된다는 주장은 어떤 느낌을 줍니까? 여러분은 어떤 마음으로 베풀고 계십니까?

3. 하나님이 주실 하늘의 상급, 영원한 보상을 생각해 본 적이 있습니까? 이 교훈을 통해 우리는 무엇을 배울 수 있을까요?

4. 허영심이 천국에 있는 보물의 파괴자라는 주장에 대해 어떻게 생각하십니까?

5. 대가를 바라지 않고 가난한 사람들을 섬기는 데 필요한 것은 무엇일까요? 사랑의 실천이 구원받는 믿음의 본질이라는 가르침에 대해 어떻게 생각하십니까? 현재 우리 그리스도인들이 얼마나 사랑의 실천성을 보여주고 있는지 생각해보면 좋겠습니다.

탐욕으로 갈등하는 영혼

EARLY CHURCH

Patristic Theology Project

탐욕으로 갈등하는 영혼

- 아우구스티누스와 영혼의 치료 -

우병훈 (고신대학교 신학과, 교의학)

> 결국, 저도 여러분들과 함께 자유로워져야 하고,
> 여러분들과 함께 치료받아야 할 사람이 아니면 뭐겠습니까?
> 아우구스티누스, 『설교』 9.8.10.[1]

영혼을 중요하게 여겼던 아우구스티누스

386년 8월에 회심한 아우구스티누스(354-430년)는 회심 이후 영혼을 다룬 세 작품을 썼다. 그 작품들은 『독백』(386년 겨울), 『영혼 불멸』(387

년 봄), 『영혼의 위대함』(388년 상반기)이다. 이들 작품은 "영혼 삼부작"이라고 불리기도 한다.[2] 영혼이라는 주제는 아우구스티누스의 사상 전체의 핵심 주제 중 하나였다. 그는 『독백』(*Soliloquia*)에서 자신의 이성과 다음과 같이 대화한다.

> A(아우구스티누스). 보라, 하나님께 기도를 올렸다.
> R(이성). 그렇다면 무엇을 알고 싶은가?
> A. 내가 기도한 이 모든 것을 알고 싶다.
> R. 그것들을 짧게 간추려라.
> A. 하나님과 영혼을 알고 싶다.
> R. 더 이상은 없는가?
> A. 전혀 없다.[3]

415년경 영혼의 기원에 대해 히에로니무스에게 보낸 편지에서 아우구스티누스는 "영혼에 관한 문제가 많은 사람들을 혼란케 했는데, 나 역시 그들 가운데 있다고 고백합니다."라고 적었다.[4]

아우구스티누스는 "영혼에 관한 문제(*quaestio de anima*)"에 일평생 천착했으며, 그것은 그의 사상의 다양한 주제와 여러모로 관련성을 지닌다. 이 글에서는 특히 영혼의 갈등이라는 주제에 초점을 맞춰서 아우구스티누스의 영혼론을 살펴보고자 한다.[5]

먼저 글의 전반부에서는 아우구스티누스의 영혼론과 관련한 주요 내용을 다룬다. 영혼의 의미가 무엇인지, 영혼이 물질인지 아닌지, 영혼이 불멸하는지, 영혼과 육체의 관계는 무엇인지, 하나님의 형상과 영혼은 어떤 관계인지, 영혼은 윤회하는지, 영혼의 기원은 무엇인지, 영혼의 숫자는 얼마인지, 세계혼(世界魂)은 있는지에 대한 내용이다.

다음으로 글의 후반부에서는 영혼이 어떻게 행복해질 수 있는지, 영혼이 불행한 이유는 무엇인지, 병든 영혼이 보여주는 모습이 무엇인지, 병든 영혼을 치료하는 은혜는 어떻게 작용하는지에 대한 문제를 다루겠다. 아우구스티누스의 영혼론은 위에서 언급한 세 작품 외에도 그의 중요한 작품들에 두루 나타나며, 대체로 일관성 있는 사상을 형성한다. 따라서 이 글에서도 다양한 작품들을 함께 고찰하겠지만, 작품들의 시간적 순서를 크게 염두에 두지 않고 살펴보겠다.

1. 아우구스티누스의 영혼론 개요

(1) 영혼이란 무엇인가

아우구스티누스에 따르면, 물질적 요소로 이뤄진 모든 생명체들은 영혼(soul)을 지닌다.[6] 영혼이란 생명체 안에 있는 생명력이다. 아우구스티누스는 식물과 동물과 인간의 영혼을 지칭하기 위해서 "아니마(*anima*)"라는 단어를 사용한다. 반면, "아니무스(*animus*)"라는 단어는 특별히 인간의 영혼을 지칭하기 위해서만 사용하고 있다. 그는 식물의 영혼을 단순히 "생명(*vita*)"이라고 부르기도 한다.

식물의 영혼은 식물의 몸체에 생명을 주어, 식물이 영양분을 얻고, 자라고, 재생산하도록 한다. 동물 안에 있는 영혼은 식물 안에서처럼 작용하는 것에 더하여, "감각과 욕구의 근원"이 된다. 인간 안에 있는 영혼은 "이성혼(rational soul)"이라고 불리는데, 식물과 동물 안에서 영혼이 하는 기능 외에도 "사고와 의지의 근원"이 된다.[7] 인간의 경우 영혼이란 "육체를 지배하기 위해 맞춰지고 참여하는 이성의 어떤 실체"이다.[8]

인간의 영혼은 "일종의 필수적인 지향성"이다.[9] 영혼은 총체적인 육체의 모든 부분에 전체로 있다. 개별적인 육체의 각 부분에도 전체로 있다. 육체의 한 부분을 만졌을 때 영혼 전체가 만지는 것을 알게 되기 때문이다. 가령, 우리가 악수를 한다면 상대방의 영혼 전체와 접촉하는 셈이 된다. 영혼은 육체의 현존 방식과는 전적으로 다른 방식으로 현존한다.[10] 인간에게 영혼은 인식, 지각, 감정, 의지, 감각, 기억, 상상이 가능하게 하며, 영양, 소화, 성장, 성숙, 성 기능에도 역시 관여한다.[11]

젊은 시절 아우구스티누스는 당시에 대부분의 지성인들과 마찬가지로 영혼이 물질로 되어 있다고 생각했다(『고백록』 5.10.19). 그는 하나님에 대해서도 물체의 덩어리로 생각했는데, 그 이전에 테르툴리아누스도 그렇게 생각했다(*De anima* 7). 아우구스티누스는 공간을 결여한 것은 아무것도 아니라고 여겼기에 영혼도 공간을 점유하는 어떤 사물이라고 생각했다(『고백록』 7.1.1). 이처럼 하나님, 영혼, 그 외의 모든 만물이 물질로 되어 있다는 이런 사상을 아우구스티누스는 스토아 혹은 마니교로부터 배웠을 것이다. 나중에 그는 이러한 생각을 철회한다. 그는 이런 생각이 자신이 가졌던 "오류의 가장 크고 아마도 유일한 이유"라고 자책한다(『고백록』 5.10.19).

(2) 영혼은 물질이 아니다

영혼을 일종의 물질이라고 잘못 생각했던 오류를 아우구스티누스가 벗어나게 된 데는 밀라노에서 암브로시우스의 설교를 듣고, 386년 6월경 플라톤주의자들의 책들을 읽은 것이 계기가 되었다. 그는 386년 8월에 회심하고 9월에 카시키아쿰으로 가서 『아카데미아 학파 반박』(11월), 『행복한 삶』(11월), 『질서론』(12월), 『독백』(겨울)을 쓴다. 그리고 387년 3월 초에 밀라노로 돌아와서, 4월 24일 세례를 받는다. 『영혼의 불멸』은 세례를 받기 전에 작성한 책이다. 그리고 388년 상반기에 『영혼의 위대함』을 쓴다. 따라서 아우구스티누스는 자신의 세례 전후로 영혼에 대한 중요한 작품들을 여러 편 쓴 셈이다.[12]

밀라노 시절 즉, 387년 3월 초부터 388년 상반기에 이르는 시기 동안 아우구스티누스는 "영의 성격"에 대한 중요한 통찰력을 얻었다. 영혼은 이제 더 이상 아주 미세한 물질로 인식되지 않았다. 영혼은 그 실존 방식이 아주 고유하기 때문에 영적이라고 불리는 것이다. 그 고유한 특성이란, 물질에 영향을 미치면서도, 물질 안에 어디에든지 존재

하며, 동시에 물질로부터 독립되어 있다는 점이다.[13]

영혼이 이러한 특성을 지닌다는 것을 아우구스티누스는 플로티노스의 『엔네아데스』와 포르퓌리오스의 몇몇 작품들을 통해서 깨닫게 되었다. 영혼은 길이나 너비, 깊이 등이 없다. 영혼은 큰 부분과 작은 부분, 많은 부분과 적은 부분이 없다. 영혼은 어디에 있든지 전체적으로 있다.[14] 한편, 플로티노스는 영혼이 지닌 이러한 특성을 신들이나 영혼이 지닌 직관 능력과 비교한 적이 있다. 그는 신들이 이데아를 직관하고 있으며, 영혼들 역시 마치 모든 것을 처음부터 끝까지 소유하듯 직관할 것이라고 주장한다.[15]

(3) 영혼의 불멸성

플로티노스의 초기 저작인 『엔네아데스』 IV.7[2][16]는 영혼의 불멸성을 주장한다. 플라톤은 『파이돈』(73a; 79d), 『파이드로스』(245c-e)에서 영혼의 불멸성을 주장했다. 하지만 아리스토텔레스는 영혼을 육체의 "엔텔레케이아"이며, 육체와 불가분리적인 형상으로 보았다. 그는 육체의 다양한 기능을 주관하는 영혼이 죽음을 피할 수 없다고 보았다. 다만 그는 지성(intellect)은 불멸한다고 주장했다.[17] 스토아주의자들은 지혜로운 자들의 영혼은 몸이 죽은 뒤에 세계에 편재하는 신적인 영과 하나가 된다고 보았다. 에피쿠로스주의자들은 만물을 원자들의 결합으로 보았으며, 영혼 역시 미세한 원자들의 결합으로 생각했다.

그렇기에 그들에게는 영혼 역시 본성상 해체될 수밖에 없다.[18]

플로티노스는 아리스토텔레스, 스토아주의, 에피쿠로스주의의 영혼론을 비판한다. 그리고 플라톤처럼 영혼은 본성상 불멸한다고 주장한다. 플라톤과 마찬가지로 플로티노스 역시 영혼은 하나의 비육체적이고, 비복합적인 실체(substance)라고 생각했으며, 따라서 영혼은 파괴되지 않는다고 주장했다.[19]

하지만 아우구스티누스는 영혼은 무에서 창조된 우연한 존재이기에, 불안정할 수밖에 없다고 보았다. 그는 영혼이 지닌 불멸성은 원래부터 영혼 안에 내재한 본질에서 비롯된 것이 아니라, 하나님의 의지에서 나온 선물이라고 생각했다.[20] 그리고 궁극적으로 죽음이 끝이 아니라고 믿는 아우구스티누스의 확신은 플라톤적 논증이 아니라, 부활하신 그리스도에 대한 믿음에서 나온 것이었다(Trin. 8.12).

(4) 영혼과 육체의 관계

영혼이 비물질적이라는 점에서 하나님과 유사하기는 하지만 영혼은 결코 하나님과 동일하지는 않다는 것을 아우구스티누스는 강조한다. 영혼은 피조물이기 때문이다(*Jo. ev. tr.* 39.8).당시에 마니교도들은 인간의 영혼이 단순한 육체가 아닐 뿐 아니라, 문자적으로 신적이라고 보았다. 그들은 영혼이 신성의 조각들이었지만 선과 악의 갈등의 결과로 육체에 갇히게 되었다고 보았다(*duab. an.* 12.16; *vera rel.* 9.16). 그러나 아우구스티누스는 그렇게 생각하지 않았다. 그에 따르면, 창세기 2:7에서 하나님께서 아담에게 불어넣으신 생기는 결코 하나님의 본질의 한 부분이 아니다(*Gn. adv. Man.* 2.8.11). 인간은 죄를 지어 육체가 아니라 죄성에 갇히게 되었다(*conf.* 5.10.18).

사실 한때 아우구스티누스도 역시 영혼의 신성에 대한 신플라톤주의적 사상을 공유한 적이 있었다. 가령 『아카데미아 학파 반박』 1.1.1이나 1.4.11에서 그는 "신적 영혼"이나 "영혼의 신적인 부분"이라는 말을 했다. 『질서론』 2.17.46에서도 영혼의 실체성과 하나님의 실체성에는 절대적 차이가 없다고 주장했다.

그러나 세례를 받은 이후에 아우구스티누스는 더 이상 이러한 주장들을 하지 않는다. 그는 영혼은 결코 신적이 아니며 피조물이라고 주장한다. 영혼이 피조물이라는 사상은 영혼의 가변성에서 도출되는 사상이다(*conf.* 12.17.24). 영혼이 가변적이라는 사실은 그것이 어리석다가 지혜롭게 되고, 뭔가를 의지하다가 그것을 의지하지 않는다는 사실에서 알 수 있다(*Jo. ev. tr.* 23.9). 아우구스티누스는 마니교도들과 프리스킬리아누스파에 반대하면서, 가변성이야말로 영혼이 피조물이라는 사실에 대한 가장 결정적인 증거라고 주장한다(*c. Prisc.* 1.1). 신적인 것은 썩지 않고 불변하기 때문이다(*conf.* 7.1.1).

때때로 아우구스티누스가 인간을 영혼과 동일시 할 때도 있었다(*mor.* 1.4.6; *conf.* 10.9.6). 하지만 더 많은 곳에서 그는 인간이 영혼과 육체로 이뤄진 존재라고 주장한다(*b. vita* 2.7; *Trin.* 15.11). 『삼위일체론』

에서 그는 "인간이란 영혼과 육체로 이뤄진 사고하는 지속적인 실체이다."라고 정의한다.[21] 또한, 인간이란 "신체를 사용하는 이성적 영혼이다"라고 하거나, "인체를 가진 이성적 영혼"이라고 표현한다.[22] 이를 보면 아우구스티누스는 에피쿠로스주의자나 스토아주의자처럼 인간을 단지 물질로만 파악한 것도 아니고, 아리스토텔레스의 질료형상론(hylomorphism)처럼 인간에게 형상은 영혼이며 질료는 육체라고 본 것도 아님을 알 수 있다.[23] 그에게 인간은 영육단일체(psycho-somatic unity)인 것이다.

(5) 하나님의 형상과 영혼

아우구스티누스는 약 390년경, 평신도 친구인 카일레스티누스(Caelestinus)에게 보낸 편지에서 본성의 세 종류를 설명한다. 첫 번째 본성은 장소와 시간에 걸쳐 있고 변화 가능한 본성인데 육체가 그러하다. 두 번째 본성은 장소에 걸쳐 있는 것은 아니지만 시간에 따라 변화 가능한 본성으로 영혼이 그러하다. 세 번째 본성은 장소와 시간에 따라 변화할 수 없는 본성으로서 하나님이 그러한 본성을 지니신다. 아우구스티누스는 변화하는 본성은 피조물이며, 불변하는 본성은 창조주라고 설명한다(*ep.* 18.2).[24] 그에 따르면, 이성적 영혼이야말로 하나님께 가장 가까운 것으로서 하나님의 형상이다(*civ. Dei* 11.26).

아우구스티누스는 『창세기 문자적 해설 미완성 작품』(16.57-58)에서는 "성자"가 하나님의 형상이라고 설명했었다(골 1:15 참조). 그리고 인간은 성자에 따라 지음 받았다고 설명했다. 하지만 이후에 그는 "인간의 영혼"이 하나님의 형상이라고 설명하기도 했다(*Trin.* 16.61). 특히 그는 마니교에 반대하여 하나님의 형상이 인간의 육체가 아니라 비육체적 영혼이라고 강조했다. 당시에 마니교는 하나님도 인간의 모습을 하여, 코나 이, 수염 등을 갖고 있다고 주장했기에 이를 배격하기 위해서였다(*Gn. adv. Man.* 1.17.27).

(6) 영혼윤회설

아우구스티누스 당대에는 마니교와 플라톤주의 전통에서 유행시킨 영혼윤회설이 두루 받아들여지고 있었다. 그에 따르면 인간의 영혼은 생전에 얼마나 도덕적으로 살았느냐에 따라서 다양한 동물의 몸으로 환생하게 된다(*Gn. litt.* 7.9.13). 플라톤뿐 아니라 플로티노스도 이러한 윤회설을 가르쳤고, 포르퓌리오스는 그것을 약간 수정하여 인간의 영혼은 다른 인간의 몸 안에서 환생한다고 주장했다.[25]

아우구스티누스는 이러한 영혼윤회설을 모두 다 배격했다. 그는 포르퓌리오스가 자신의 스승 플로티노스의 견해를 평가하면서, 어떤 어머니가 노새로 환생해서 아들을 태우고 다닐 수도 있다는 생각에는 분명 부끄러워했다고 말한다. 그와 동시에 그는 한 어머니가 소녀로 환생해서 아들과 혼인할 수도 있다는 생각에는 포르퓌리오스가 부끄

러움을 몰랐다며 비판한다(*civ. Dei* 10.30). 아우구스티누스는 영혼윤회설에다가 모든 영혼이 하나님의 조각들이라고 하는 사상까지 뒤섞어버린 마니교를 더욱 철저하게 비판한다(*Gn. litt.* 7.11.17).

아우구스티누스는 또한 당시에 오리게네스의 견해라고 알려진 두 사상을 비판한다. 첫째는 모든 악한 자의 영혼과 악마조차도 어느 정도 벌을 받다가 결국에는 그 형벌에서 벗어나 지복을 누리게 된다는 사상이었다(*civ. Dei* 21.17). 둘째는 영혼이 행복과 불행을 끊임없이 번갈아 겪으며 일정한 세기의 간격을 두고 이런 상태에서 저런 상태로 또 저런 상태에서 이런 상태로 끊임없이 갔다가 돌아온다는 사상이었다(*civ. Dei* 21.17; *haer.* 43). 아우구스티누스는 이러한 두 사상이 성경과 충돌될 뿐 아니라, 성도의 참된 지복도 빼앗아버린다며 비판했다.

(7) 인간 영혼의 기원

인간 영혼의 기원에 대해서 아우구스티누스는 네 가지 견해를 제시했다(*lib. arb.* 3.20.56-57). 이 중에 그가 분명하게 배격한 견해도 있지만, 최종적으로 그는 어느 한 가지 견해를 선택하지는 않았다. 첫째 견해는 이후에 "영혼유전설(Traducianism)"로 불리는 견해로서 모든 인간의 영혼은 부모로부터 물려받는다는 사상이다. 이 경우 하나님은 아담의 영혼을 창조하시고, 그 이후로는 부모로부터 영혼을 물려받게 하셨다. 둘째 견해는 이후에 "영혼창조설(Creationism)"로 불리는 견해로서 각각의 인간이 출생할 때에 하나님께서 새롭게 영혼을 만드신다는 사상이다. 셋째 견해는 하나님은 모든 인간의 영혼을 어떤 비밀스러운 장소에 미리 다 만들어 놓으셨다가, 각각의 인간이 태어날 때에 하나님께서 직접 보내신다는 사상이다. 넷째 견해는 하나님께서 미리 만들어 놓으신 영혼들이 어딘가에서 대기하고 있다가, 출생하는 인간 안으로 영혼이 자발적으로 들어간다는 사상이다.

아우구스티누스는 히에로니무스를 비롯한 몇몇 사상가들이 영혼 창조설을 수용한다는 것을 알고 있었지만 그 견해를 지지하는 성경적 근거나 교회적 문서를 발견할 수 없었다(*lib. arb.* 3.21.59). 영혼창조설은 하나님께서 원죄를 지닌 영혼을 창조하신다는 난점을 해결할 수 없었다. 반면에 영혼유전설은 영혼이 비물질적이라는 점을 설명할 수 없었다. 세 번째 견해도 역시 어떻게 해서 따로 따로 만들어진 영혼이 모두 죄의 상태에 있는지 설명할 수 없었다. 네 번째 견해는 자발적으로 육체 안에 들어간 영혼들의 죄성은 설명이 되지만, 로마서 9:11[26]에서 선과 악을 하지 않은 때에 택하심이 이뤄진다는 것을 설명하기 힘들어 보였다. 아우구스티누스는 특히 펠라기우스파와 논쟁하면서 로마서 9:11은 인간이 태어나기 전에 죄성을 가지고 있다는 그 어떤 사상도 배격함을 깨닫게 되었다.[27]

아우구스티누스는 『재론고』를 쓰는 말년에 이르기까지 영혼의 기원에 대해서 어느 한 가지 학설을 취하지 않은 것이 사실이다. 하지만 연구자의 개인적인 생각에는 아우구스티누스가 위의 네 가지 견해 가운데 원죄론을 제일 잘 설명하는 것으로 여겼던 영혼유전설에 가장 우호적이었던 것 같다.

(8) 영혼의 숫자

영혼이 하나인지 다수인지에 대해서 아우구스티누스는 많이 고민하였다. 『영혼의 위대함』 32.69에서 그는 이 문제가 아주 곤란한 문제임을 토로하고 있다. 만일 영혼이 하나라면 어떤 사람에게는 영혼이 행복하고 다른 사람에게는 불행한 셈이 된다. 그런데 한 사물이 동시에 행복하고 불행함은 있을 수 없기에, 영혼이 하나라고 말할 수는 없다. 반대로 영혼이 여럿이라고 하는 것 역시 아우구스티누스에게는 불만족스러운 답변이었다(*quant.* 32.69).

모든 영혼들이 세계혼의 분신들이어서 단일하다고 해야 할 것인지, 아니면 개개인의 영혼은 별개라고 할 것인지 하는 문제는 플로티노스와 포르퓌리오스에게 커다란 난제가 되었다.[28] 플로티노스는 영혼은 하나이며 동시에 다수 혹은 복수성 가운데 있는 단일한 존재라고 말한다(*enn.* 4.9).[29] 아우구스티누스는 이 문제에 대해 분명하게 답을 하지 않았는데, 토마스 아퀴나스는 그가 영혼들의 종(種)이 하나라고 했으며 수(數)가 하나라고 하지는 않았다는 해석을 제안했다.[30]

흥미롭게도 아우구스티누스는 영혼이 공간 안에 위치하지 않기에 그것이 우리 몸 안에만 갇혀 있지 않다는 견해를 제시하기도 했다. 그의 동향인이자 그보다 나이가 어린 황실 관료 에보디우스는 신체의 어느 부분을 만져도 촉각이 발생하는 것에서부터 감각의 주체인 영혼이 신체 전체에, 신체의 부피만큼 공간적으로 퍼져 있다고 주장했다 (*quant.* 30.59). 하지만 아우구스티누스는 피가 온몸에 퍼져 있듯이 영혼이 우리 온몸에 존재한다고 설득할 수 없다고 보았다(*quant.* 30.61). 그러면서 꼬리가 잘린 도마뱀과 여러 등분된 긴 벌레 얘기를 예화로 드는데, 이 예화는 영혼의 불가분성을 더욱 고민하도록 만든다(*quant.* 31.62). 긴 벌레, 예를 들어 지네를 여러 개로 등분하면 각각의 지네는 따로 기어 다닌다. 그렇다면 지네 안에 있는 "영혼(*anima*)"은 어떻게 나눠진 것인가? 그것이 물질이 아니라면, 각각으로 등분된 지네 안에 어떤 식으로 존재하는가? 아우구스티누스는 이런 문제에 대해서 어떤 확실한 대답을 제시하지는 못했다. 다만 그는 이러한 예를 통해서 영혼이 존재하는 방식에 대해 단순하게 생각할 수 없음을 지적한다.

(9) 세계혼

영혼의 숫자와 관련된 주제를 생각하다 보면 자연스럽게 세계혼 (world soul)에 대한 논의를 할 수밖에 없다. 앞에서 말하였듯이 플로티노스는 영혼은 다수성 가운데 단일성을 지닌 것이라고 하였다. 아우구스티누스는 사도행전 4:32를 주석하면서 플로티노스적인 사유와 비슷하게 설명한 적이 있다(*Jo. ev. tr.* 18.4).

아우구스티누스는 『재론고』(1.11.4)에서 『음악론』을 재론하면서 세계의 아름다움을 보고서 세계도 "세계혼"에 의해서 형상을 취한 생명체라는 생각을 떨치지 못했다고 실토한다. 그리고 『영혼 불멸』에도 이러한 뜻으로 해석될 만한 구절이 나오는데 세계혼에 대한 이론이 허위라고 판단할 수는 없고, 세계가 과연 생명체인지 아닌지에 대한 문제를 자기로서는 확신하지 못했다고 말한다. 『영혼 불멸』에서 아우구스티누스는 아래와 같이 적고 있다.

> 이 질서로 인해서 최고 존재자로부터 영혼을 통해서 신체에 형상이 부여되는 것으로 이해된다. 그리고 신체가 존재하는 한 그 형상에 의해서 존재한다. 그러므로 영혼을 통해서 신체가 존립하고 영혼이 주어지는 바로 그것에 의해서 존재한다. 보편적으로는 세계로서 존재하고 개별적으로는 세계 내에 있는 각각의 생물로서 존재한다.[31]

아우구스티누스는 모든 존재자가 정도(*modus*, 양태)와 형상(*species*)과 질서(*ordo*)라는 형이상학적 범주를 갖는다고 보았다(*nat. b.* 3,3). 영혼은 하나님께서 두신 질서에 의해 신체에 형상이 부여되는 것이다. 그리고 영혼은 보편적으로는 세계로 존재하지만, 개별적으로는 각각의 생명체로 존재한다. 이처럼 『영혼 불멸』을 썼던 387년까지만 해도, 아우구스티누스는 세계 자체를 세계혼을 가진 일종의 생명체로 이해한 적이 있었다. 그는 세계혼이 보편적으로 존재하면 세계 자체가 되지만, 개별적으로 존재하면 세계 내의 개별 생물이 된다고 보았다. 그러나 나중에 그는 이러한 견해에 대해 확신하지 못하였으며, 세계혼의 존재에 대해서 불가지론적인 입장을 취하였다.[32] 그러나 그에게 분명한 것은 설령 세계혼이 존재한다 해도 그것은 여전히 신(神)이 아니라 피조물이라는 사실이었다.

독일의 중세 연구가 쿠르트 플라쉬(Kurt Flasch)는 아우구스티누스의 세계혼 사상을 시간론과 연결지어 설명한 적이 있다. 아우구스티누스는 시간은 "영혼의 확장(distentio animi)"이라고 주장한다(conf. 11.26.33). 그런데 개별 영혼이 세계혼과 결합되어 있고, 세계혼이 세계를 형성하고 있다면, 개별 영혼은 전체 시간의 한 부분을 형성하고 있는 셈이라는 주장이다.[33] 하지만 이러한 견해는 문제가 있어 보인다. 우선 아우구스티누스 스스로가 세계혼의 견해를 확고히 받아들인 것이 아니기 때문이며, 그가 세계혼을 "나의 영혼(animus meus)"으로 대체했다고 보기에는 더더욱 어렵기 때문이다. 아우구스티누스에게 영혼은 우선적으로 개별 인간의 영혼으로 봐야한다.[34]

아우구스티누스 연구가 존 리스트(John Rist)는 세계혼 사상을 약간 변형시켜서 아담의 원죄와 그리스도의 속죄를 설명한 적이 있다. 아담 안에서 모든 인간의 영혼이 연결되어 있고, 둘째 아담이신 그리스도에게 모든 신자들의 영혼이 연결되어 있는 것[35]을 아우구스티누스가 플로티노스적 실체혼(hypostasis Soul) 개념을 도입하여 설명했을 가능성이 있다는 것이다. 그에 따르면, 모든 인간은 아담 안에 있으며, 아담의 죄에 참여하게 된다. 하와 역시 아담에게 참여하는데, 아담의 몸의 일부로서 지음을 받았기 때문이다. 플로티노스적 실체혼이 그러하듯이, 모든 인간이 아담에 참여하지만, 아담은 여전히 독립적으로 존재할 수 있다.[36]

(10) 영혼의 최고 행복

아우구스티누스는 인간 영혼이 행복해지는 유일한 길은 하나님을 소유하는 것이라고 항상 주장했다(*b. vita* 2.12). 하나님을 소유하는 것은 영혼 자체와 세계 자체를 창조하신 하나님의 빛에 참여하는 것이며, 정결한 사랑의 순수함을 가지고 하나님과 합일하는 것이다(*civ. Dei* 10.1). 하나님은 영혼의 존재 원천이며, 정신의 빛이며, 행복의 수여자이기 때문이다(*civ. Dei* 8.5).

영혼의 위대한 품위는 하나님을 소유할 수 있음에 있다. 영혼이 그럴 수 있는 것은 하나님의 형상대로 지음 받았기 때문이다. 영혼은 하나님을 알아보도록 이성과 오성을 사용할 수 있게 만들어졌다. 비록 하나님의 형상이 약화되어 거의 없거나 아주 희미하거나 심지어 비틀려 있다 하더라도, 반대로 투명하고 아름답다 하더라도 여전히 하나님의 형상이다. 그 형태의 일그러짐이 아무리 심하더라도 하나님의 형상이라는 사실 자체는 박탈되지 않는다(*Trin.* 14.4.6).

인간 지성은 하나님과 같은 본성을 지닌 것은 아니지만, 피조물 가운데 그보다 더 고귀한 것은 아무것도 없는 하나님의 형상이다. 따라서 무엇보다 인간의 지성에서 하나님의 형상을 탐색하고 발견해야 한다(*Trin.* 14.8.11). "주를 경외함이 지혜"(욥 28:28)라는 말씀은 영혼이 자신의 빛에 의해서가 아니라, 최상의 빛이신 하나님에게 참여함으로써 지혜로워지는 것을 뜻한다. 그럴 때 영혼은 영원히 존속하게 될 그곳에서 행복하게 통치할 것이다. 영혼이 사모하는 이 지혜는 인간의 지혜라고 말할 수 있지만, 사실은 하나님의 지혜이다. 단지 인간의 지혜는 허황하기 때문이다(*Trin.* 14.12.15).

2 갈등하는 영혼

(1) 갈등하는 인간

하나님께 영혼이 참여함으로써 참된 행복을 누릴 수 있다면, 영혼이 행복을 누리지 못하는 이유는 영혼이 하나님께 참여하지 않기 때문이라고 정리할 수 있다. 그렇다면 왜 영혼은 자신에게 주어진 행복의 길을 멀리하고 하나님을 피해 달아나는가? 그것은 인간 안에서 여러 욕망들이 갈등을 일으키기 때문이다.[37]

사실 고대 그리스 문헌들에서 인간이 갈등하는 모습은 여러 군데에서 나온다. 호메로스의 『일리아스』 9권에는 아가멤논의 갈등이 나온다. 전세가 자신의 군대인 아카이아 군에게 불리해지자, 아가멤논은 전쟁을 그만하고 귀국하려고 한다. 하지만 디오메데스와 네스토르는 이에 반대한다. 그러자 네스토르가 아가멤논에게 조언을 하여 아킬레우스에게 사절을 보내도록 한다. 하지만 아킬레우스와 화해하려는 아가멤논의 시도는 좌절되고 만다. 이 과정에서 아가멤논과 아킬레우스의 갈등이 첨예하게 대립한다.[38]

플라톤의 『프로타고라스』에서도 역시 갈등하는 인간이 다뤄진다.[39] 이 작품은 30대 중후반의 소크라테스가 프로타고라스를 만난 얘기를 익명의 동료에게 해 주는 설정으로 되어 있다. 소크라테스는 "앎이 사람 안에 있는 경우에도 종종 앎이 아니라 다른 어떤 것, 때로는 화, 때로는 즐거움, 때로는 괴로움, 어떨 때에는 사랑, 그리고 종종 두려움이 그를 지배한다"는 대중의 생각에 대해 프로타고라스의 의견을 묻는다. 대중들은 "앎에 대해서 그것이 마치 노예처럼 다른 모든 것들에 끌려다닌다고 생각하는" 것이다(Prt. 352b). 반면 소크라테스는 "앎이 훌륭한 것이고 사람을 지배하는 성격의 것이어서, 누군가가 좋은 것들과 나쁜 것들을 알기만 하면 그는 그 어떤 것에도 굴복당하지 않고 앎이 지시하는 것 외의 다른 어떤 것을 행하지 않는다고, 그래서 현명함이 인간을 구하기에 충분하다고 생각"한다(Prt. 352c). 이에 대해 프로타고라스 역시 동의한다. 그런데 문제는 "가장 좋은 것을 알고 있고, 또 그것을 할 수 있는데도, 그것을 하려 하지 않고 오히려 다른 것을 하려고 하는 사람들이 많이 있다"는 현실이다(Prt. 352d). 겉으로 보기에 그것은 사람들이 즐거움이나 괴로움에 져서, 혹은 사랑 및 두려움에 굴복당해서 그렇게 되는 것 같다. 그러나 여전히 소크라테스는 그런 일이 일어나는 것은 아직까지 앎이 확실하지 않기 때문이며, 참된 앎은 사람의 행동을 지배한다고 주장한다.

『프로타고라스』와 마찬가지로 아리스토텔레스도 『니코마코스 윤리학』(VII)에서 "아크라시아"의 문제를 다루었다.[40] 아크라시아란 문자적으로는 자제력 없음을 말하는데, 도덕철학에서는 앎과 행함의 불일치 문제를 뜻한다. 아리스토텔레스는 "어떤 사람이 올바르게 파악하고 있는데도 어떻게 자제력 없는 행위를 할 수 있는가라는 난제가 제기될 수 있을 것이다(*aporēseie d'an tis pōs hyplambanōn orthōs akrateuetai tis*)."라고 말한다. 이에 대한 답으로 아리스토텔레스는 일견 『프로타고라스』의 소크라테스와 유사한 대답을 내놓는 것처럼 보인다. 즉 그는 "자제력 없음이라는 감정 상태에서 생기는 지식은 엄밀한 의미의 지식으로 볼 수 없다"고 말하며, "감정에 끌려다니는 지식은 진정한 의미의 지식이 아니라 감각적인 지식에 불과하다"고 주장하기 때문이다 (1147b15-18).[41]

하지만 이에 대해 전헌상은 여기에서 "아리스토텔레스의 목표는 아크라시아가 어떻게 발생하는가에 대한 일반적 설명을 제시하는 것이 아니"며, 오히려 아리스토텔레스는 "소크라테스의 주장을 뒷받침하고 있는 주요한 기초 중의 하나를 약화시키려 하고 있"다고 주장한다. 즉 아리스토텔레스는 앎과 그에 상응하는 행위 사이에는 간격이 존재하지 않는다는 소크라테스의 생각을 자기 철학의 고유한 개념인 소유와 사용의 구분, 실천적 추론의 대전제와 소전제의 구분 등을 통해 약화시키려고 했다는 설명이다.[42] 우리의 논의에서 중요한 것은 아리스토텔레스는 소크라테스와는 달리 "아크라시아" 즉, "어떤 행위가 더 좋은 것, 더 가치 있는지를 알면서도 행위자가 그 행위를 하지 않게 되는 상황"이 실제로 존재한다고 보았다는 사실이다.

바울의 로마서 7장 13-25절은 아크라시아에 대한 가장 통렬한 자각을 보여준다. 여기에 한 사람의 고통스러운 상황이 기술된다. 그는 자신을 곤고한 사람이라고 표현한다(롬 7:24). 여기 나오는 "나"라는 존재가 누구인가에 대한 여러 가지 견해들이 있다. 아담적 자아, 거듭난 신자, 중생하지 않은 것도, 중생한 것도 아닌 상태에 있는 자, 아담의 시대와 그리스도의 시대에 끼어 있는 종말론적 긴장을 느끼는 자, 중생은 했지만 성령을 체험하지 못한 구약의 그리스도인 등등에 대한 견해들이 있다.

여기에서의 "나"는 "영적 투쟁 가운데 있는 그리스도인"이라고 묘사함이 바람직해 보인다. 바울은 율법의 무능력성을 보여주고자 한다. 여기 나오는 사람은 하나님의 은혜를 아는 사람이다. 하지만 그는 욕구와 실행 사이에 갈등하고 있다. 율법은 그러한 상태를 해결해 줄 수 없다. 이 사람의 문제는 하나님의 법을 알지 못하거나, 선을 행하고자 하는 의지가 없는 것이 아니다. 율법을 알고, 그것을 행하고자 하는 의지가 있지만, 성령의 철저한 지배를 받지 못하고 성령의 능력을 덧입고 있지 못하기에 수행할 능력이 없는 상태에 있는 것이다. 그리하여 이 사람은 복음이 가르치는 영적 실재와 자신이 경험하는 현실 사이에서 갈등하고 있다. 그에 대한 해결책으로 바울은 로마서 8장을 제시한다. 그것은 성령의 도우심을 기억하고 실제적으로 경험하는 것이다.

(2) 영혼이 불행한 이유한 이유는 탐욕 때문

아우구스티누스는 인간이 갈등하는 근원적인 이유가 영혼이 하나님을 떠나 사랑의 질서가 왜곡되어 있기 때문이라고 보았다. 그는 영혼 안에서 하나님을 멀어지게 만드는 이러한 갈망을 "탐욕(*concupiscentia*)"이라고 부른다.[43] "concupiscentia"라는 단어는 테르툴리아누스에게도 "왜곡된 욕망(distorted desire)"이라는 의미로 사용되었다.[44] 아우구스티누스의 『고백록』에는 "concupiscentia"라는 단어보다 "libido"나 "cupiditas"라는 단어가 더 많이 사용되었다. 그러다가 펠라기우스 비판 저서들에서 "concupiscentia"라는 단어가 많이 사용되었는데, 그때의 의미는 "아담에게서 유전된 의지의 무질서"라는 뜻이다.[45]

아우구스티누스는 탐욕을 원죄(原罪)와 구분하지만, 때로 그 둘을 동일시한다. 초기 작품에는 탐욕을 아담과 연결시키지 않았지만, 후기 작품에서 정욕을 원죄와 연결시켰다. 그는 『신국론』에서 이렇게 적고 있다.

[죄를 지은 아담과 하와는] 불복하는 자기 육신의 새로운 충동을 느꼈는데, 이것은 마치 자신들의 불복에 상응하는 형벌 같은 것이었다. 이제 영혼은 고유한 자유로써 전도된 것을 즐겼고 하나님을 섬기는 일을 거부했는데, 그러자마자 영혼은 육체에 예속되는 처지로 전락해 버렸다. 상위의 선물을 자기 자유선택으로 저버림으로써 하위의 종마저 자유선택으로 제어할 수 없게 되었다. 이제는 도저히 육신을 자기 밑에 두지 못하게 되었다. 전에는 영혼 자체가 하나님께 복속하여 머물렀으므로 그 일이 항상 가능했다. 그러나 육이 영을 거슬러 욕망을 품기 시작했고, 우리는 육과 갈등 속에 태어났다. 저 최초의 반역으로부터 우리는 죽음의 기원을 끌어들였고, 우리 지체와 부패한 본성에 육의 도전과 승리를 안은 채 태어났다.[46]

아우구스티누스에 따르면, 탐욕이란 하나님께 복종하지 않는 육신의 충동이자, 원죄에 대한 형벌이다. 탐욕의 본질은 하나님을 반대하는 영혼의 경향성이다. 탐욕은 육이 영을 거스르는 내적인 분열이며, 죽음을 끌어들이는 파멸적인 불일치이다.

아우구스티누스는 394년경에 쓴 『로마서 미완성 해설』에서는 탐욕이란 불신자에게만 적용된다고 생각했다. 신자들은 탐욕으로부터 완전히 해방된다는 것이다. 그렇기에 그는 로마서 7장 7-25절의 "나"는 불신자를 뜻한다고 보았다. 이런 견해는 396년 『심플리키아누스께』라는 작품에서도 여전히 견지된다.[47] 하지만 이후에는 이런 생각을 버렸다. 『영과 문자(De spiritu et littera)』 25와 26에서는 로마서 7장 7-25절의 "나"를 신자의 상태로 묘사한다.[48] 『재론고』(2.27)에서도 로마서 7장 후반부의 "나"는 "영적인 사람"일 가능성이 더 높다고 말하고 있다.[49]

피터 브라운(Peter Brown)은 아우구스티누스의 이러한 견해가 완전주의를 배격한 기독교의 시작이라고 본다. 하지만 피터 버넬(Peter Burnell)은 초기 교부들(테르툴리아누스, 알렉산드리아의 클레멘스)도 역시 완전주의를 주장한 것은 아니라고 주장한다. 버넬에 따르면, 아우구스티누스는 초기 작품에서도 세례를 통해서 탐욕에서 완전히 해방된다고 말하지는 않았다. 아우구스티누스는 때로는 탐욕이 불신자들에게만 해당된다고 했다가, 때로는 신자가 탐욕에서 완전히 벗어날 수는 없다고 했다는 것이다. 그러다가 펠라기우스 논쟁 이후에는 아주 분명히 신자도 역시 탐욕에서 완전히 벗어날 수 없다고 보았다고 버넬은 분석한다.[50]

아우구스티누스의 사상에 따르면, 탐욕으로부터의 완전한 해방은 이생에서 이뤄질 수 없다. 신자 안에도 탐욕의 잔재가 늘 남아 있기 때문이다(perf. just. 11.28). 그러나 중요한 것은 은혜를 통하여 탐욕이 조금씩 줄어들 수 있다는 사실이다. 탐욕은 오직 은혜를 통해서만 극복될 수 있다는 것이 아우구스티누스의 일관된 가르침이다.

(3) 영혼이 탐욕에 빠지는 양상

『고백록』에는 영혼이 죄와 탐욕으로 인하여 갈등하는 여러 가지 장면들을 생생하게 보여준다. 아우구스티누스는 어린아이도 역시 탐욕이 있다고 말한다. 아이들은 자신의 눈짓과 뜻에 쉽게 따라주지 않은 어른들을 때리고 차고 하면서 해를 끼치려고 하는데, 이런 태도에서 아이들의 탐욕과 죄성이 드러난다(*conf.* 1.7.11). 첫 아이가 자기 동생을 시샘하는 경우에도 마찬가지다. 아우구스티누스는 아직 말도 할 줄 모르는 아이가 자기 젖을 함께 먹는 아이를 보고서는 새파래지면서 잔뜩 찌푸린 얼굴로 쳐다보는 것을 보면서 아이들도 무죄하지 않음을 깨달았다(*conf.* 1.7.11).

탐욕은 어린이 시기에도 나타난다. 아우구스티누스가 어린 시절 연극에서 본 것을 흉내 내려고 많은 거짓말로 보육교사와 선생들, 심지어 부모님까지 속이곤 한 것 역시 죄의 결과였다. 그는 부모의 곳간과 식탁에서 먹을 것을 도둑질하는 일도 서슴지 않았다. 훔친 것을 자기가 먹기도 하고, 다른 아이에게 주기도 했다. 때론 그런 일로 경쟁을 하기도 했다. 이를 두고 아우구스티누스는 다른 아이들이 자기들 놀이를 자신에게 팔고 그 대가로 먹을 것을 챙긴 셈이라고 표현한다. 그는 훔치기 놀이에서 다른 아이들보다 앞서고 싶은 욕심에 져서 속임수를 써서 이기곤 했다. 훗날 아우구스티누스는 자신의 모습을 참회하면서 아이들과의 승부에는 이겼지만 자기 안에 있는 승부욕에는 진 셈이 되었다고 고백한다. 그는 또 자신의 속임수가 들켜서 욕을 들을 때 다른 아이들에게 사납게 덤벼들었던 일도 기억한다(*conf.* 1.19.30).

『고백록』에 등장하는 배 서리 장면은 매우 유명하다. 아우구스티누스는 배를 먹고 싶어서 훔친 것이 아니라, "도둑질과 그 죄악을 향유하기 위해서" 배 서리를 하였다(*conf.* 2.4.9). "하지 말라면 더 하고 싶은 심보로 저지른 일"이었다.[51] 그는 이렇게 고백한다.

> 보십시오, 제 마음을. 하나님 보십시오, 제 마음을. 그것은 저 심연의 밑바닥에 있었는데, 그것을 주님께서는 가엾게 여기셨습니다. 제 마음이 이제는 주님께 말씀드리게 해 주십시오. 저 순간 그 마음이 대체 무엇을 찾고 있었습니까! 그저 악인이 되고 싶었고 제 악의(惡意)의 원인은 악의 말고는 아무것도 없었습니다. 그 악의가 추잡했고 저는 그것을 사랑했습니다. 자멸하기를 사랑했고, 저의 결손을 사랑했습니다. 제가 결손을 입게 만든 대상을 사랑한 것이 아니고 저의 결손 그 자체를 사랑했으니, 저는 추루한 영혼이었고, 주님의 흔들리지 않는 굳건함에서 파멸로 튕겨 나간 영혼, 파렴치하게 무엇을 탐한 것이 아니라 파렴치 자체가 되어 탐하는 영혼이었습니다.[52]

이 유명한 구절에서 아우구스티누스는 탐욕의 본질을 성찰한다. 그는 "내 마음(*cor meum*)"이란 표현을 세 번이나 반복한다. 죄가 어떤 행위에 그치지 아니하고 마음 자체를 파고들어 그 안에 자리를 틀고 있음을 직시한다. 어떤 외적 행위를 반성하는 것을 넘어서, 그 행위 자체를 사랑하고 있던 자신의 영혼과 마음을 회개한다. 여기에서 탐욕의 본질은 "사랑"의 문제로 드러난다. 그는 자멸하기를 사랑하고, 결손 그 자체를 사랑하는 추루한 영혼이었다.[53] 탐욕은 결국 왜곡된 자기 사랑이며, 하나님과 하나님의 말씀보다 망가진 자신을 더 사랑하는 마음의 경향성이다.[54]

아우구스티누스는 자신의 배 서리 경험을 깊이 탐구하였다. 그리하여 함께 범죄하는 자들의 "우정"이 범죄자들에게 쾌감을 준다는 것을 간파하였다. 그는 그 당시 자신의 모습을 두고 이렇게 참회한다.

> 아, 참으로 원수 같은 우정이여! 납득할 수 없는 지성의 기만이여! 놀이 삼아 장난으로 남을 해칠 탐심이 생기고, 저로서는 아무런 이득이 없는 데도 남의 손해를 도모하고 싶은 욕심이 생기고, 누구한테 앙갚음할 작심이 전혀 없음에도 "가자. 해치우자."라는 한 마디에 파렴치하지 못하다고 되레 부끄러워하게 되다니![55]

아우구스티누스는 "친구답지 않은 친구다움(unfriendly friendliness; *inimica amicitia*)"을 한탄한다. 그것은 우정의 결속을 통해서 더욱 큰 탐욕에 빠지게 되는 굴레를 가리킨다.

이제 젊은 시절을 생각해 보자. 젊은 시절 아우구스티누스를 가장 괴롭힌 탐욕은 성욕이었다. 그는 성욕을 "달콤함(*suauitas*)"이라고 표현한다(*conf.* 2.2.3).[56] 그는 16세부터 성욕에 이끌렸던 것 같다. 그때 자신의 모습을 "색욕의 광기가 제 위에서 홀을 쥐어 저는 그 앞에 완전히 두 손을 들어버렸습니다. 그 색욕으로 말하자면 인간적 불명예라는 방종으로 그치지만 당신 율법으로는 엄연한 불법이었습니다."라고 고백한다(*conf.* 2.2.4).[57] 그는 16세 때 집안 형편상 학업을 쉬면서 부모와 함께 지냈다. "그러는 동안에 색정의 가시덤불이 제 머리 위로 훌쩍 자라올랐는데 정작 그것을 뽑아줄 손이라곤 하나도 없었습니다."라고 그는 회상한다(*conf.* 2.3.6).[58] 아우구스티누스는 그때 자신의 모습을 하나님 앞에서 이렇게 묘사한다.

> 보십시오. 제가 어떤 패거리와 바빌론의 한길을 쏘다니고 다녔는지, 진흙탕 속을, 마치 계피향과 값비싼 향유 속인 양 뒹굴고 있었는지 보십시오. 또 제가 무엇에 단단히 매달릴수록 눈에 안 보이는 원수는 제게 발길질하여 그 한가운데로 쑤셔 박았고 저를 유혹했습니다. 제가 그만큼 쉽게 유혹당하는 놈이었기 때문입니다.[59]

아우구스티누스가 이렇게 성욕에 빠져 사는 동안 그의 부모는 아들의 출세를 간절히 바라고 있었다. 그의 아버지는 하나님에 대해서는 아무 생각이 없었고, 아들에게는 허황한 것만 바랐다. 심지어 어머니 모니카마저 아들의 "평상적인 연학이 장차 주님을 기쁘게 해드리는 데 방해가 되기보다 오히려 도움이 되리라고" 여기는 동안, 아우구스티누스는 "유희에 빠져 진지함의 절도를 넘어서서 갖가지 감정의 허랑방탕함 속으로 고삐가 풀리기만" 하였다(*conf.* 2.3.8).[60]

아우구스티누스가 회심이 지연된 여러 이유 가운데는 이처럼 성적 탐욕을 끊지 못했기 때문이기도 했다고 솔직하게 고백한다. 더군다나 성욕 때문에 출세욕도 벗어나지 못한 상태였다(*conf.* 8.1.2).

> 그런데 저는 나약하게도 보다 안일한 자리를 택했고, 그리고
> 그 한 가지 때문에 나머지 일에도 나른하게 허우적거리는 중
> 이었고 시들한 걱정거리에 말라가고 있었습니다. 부부생활에
> 바쳐져 묶여버리는 바람에, 제가 겪기 싫어하던 딴 일에서도
> 억지로 타협을 해야만 했습니다.[61]

아우구스티누스는 성욕에 빠진 결과 다른 욕망에도 같이 얽혀서 헤어나지 못하고 있었다는 것을 고백한다. 이처럼 아우구스티누스는 탐욕이 오직 성욕에만 국한되는 것은 아니지만 성욕에서 가장 잘 드러나며, 성욕과 얽혀서 여러 탐욕들이 같이 움직이고 있는 것을 통찰했다. 그는 『신국론』에서 에덴에서 죄가 없을 때 성욕은 이성에 순종했다고 주장한다. 타락 전에 인간은 "자녀를 임신하고 수태하는 데도 정욕의 욕구에 의해서가 아니라 의지의 자발적 필요로 남녀 두 본성이 한데 결합했을 것이다"(*civ. Dei* 14.26)라고 말한다.[62] 그에 따르면, 성욕이 일어나는 것은 원래는 통제 가능한 것이었으며, 어떻게 해 볼 수 없는 그런 성질의 것은 아니었다. 탐욕이 죄의 결과인 것과 마찬가지로,

통제되지 못하는 성욕 역시 죄의 결과라 본 것이다.

회심 시에 아우구스티누스는 영혼의 갈등을 심하게 느꼈다. 그의 영혼 안에는 옛 의지와 새 의지가 서로 충돌을 일으키고 있었다. 그는 그것을 자기 의지의 쇠사슬에 묶인 상태라고 묘사한다.

> 원함은 제 것이지만 원수가 붙잡고 있었고, 거기에서 저에게 사슬을 만들어 저를 결박해버렸습니다. 그렇게 거꾸로 뒤집힌 의지에서 육욕이 생겼고, 육욕을 섬기느라 동서생활(同棲生活)을 하게 됐고, 동서생활에 저항하지 않다 보니 필연이 되고 말았습니다. 그것이 마치 고리처럼 서로 뒤얽혀 (그래서 제가 '사슬'이라고 불렀습니다) 모진 종살이가 저를 단단히 붙들어 두었습니다. 저에게 있기 시작한 새 의지는, 하나님, 기꺼이 주님을 섬기고 주님을 향유하고 싶었고, 그 의지 하나만은 확실히 유쾌하였으나, 오래 묵어 굳어진 이전의 의지를 극복하기에는 아직 적절치 못했습니다. 그렇게 저의 두 의지, 하나는 묵었고 하나는 새것, 전자는 육적이고 후자는 영적인 두 의지가 저희끼리 맞부딪치고 어긋나며 저의 영혼을 갈가리 찢어 놓았습니다.[63]

아우구스티누스의 영혼 안에는 성적 욕망을 둘러싸고 두 의지가 서로 부딪히고 있었다. 새로운 의지가 주어졌지만 옛 의지를 극복하기에는 부족했다. 그러면서 그는 영혼이 깨어져 흩어지는 듯한 고통을 느꼈다.[64] 그는 육이 영을 거슬러 욕망하고 영이 육을 거슬러 욕망하는 것을 그의 몸에서 경험하고 깨달았다(*conf.* 8.5.11; 갈 5:17 참조). 그는 계속해서 이렇게 고백한다.

> 저는 어느 면에나 있었지만 제 속에서 제가 거절했던 면보다는 제 속에서 제가 동조했던 편에 더 가 있었습니다. 전자보다 후자에 더 가 있었던 까닭은 거기서는 제가 자발적으로 행했다기보다는 대부분 의지에 반해서 당했기 때문입니다. 그러나 더욱 사납게 저를 거스르는 습관은 저로부터 만들어진 것이니, 제가 원치 않은 곳이지만 원해서 다다랐기 때문입니다.65

아우구스티누스는 마치 일어날 시간이 다가옴에도 일부러 졸음에 빠져 있는 사람처럼 정욕에 묶여 있었다(*conf.* 8.5.12). 한편으로 그는 하나님의 사랑을 향해 나아가고 싶었지만, 다른 한편으로 조금 더 현 상태를 즐기고자 했다. 그는 죄의 법(롬 7:23)이 습관의 횡포였고, 자발적으로 그 습관 속에 빠져들었던 것에 대한 온당한 값으로 영혼이 억지로 그것에 끌려가고 그것에 붙들려 있음을 깨달았다(*conf.* 8.5.12). 당시에 그는 "저에게 순결과 절제를 주소서. 그러나 지금은 마옵소서."라고 기도했다(*conf.* 8.7.17). 주님께서 자신의 기도를 당장 들어주셔서 탐욕의 질병을 즉시 낫게 해 주실까 겁났으니, 탐욕이 꺼지기보다는 채워지기를 더 바랐던 까닭이었다(*conf.* 8.7.17).66

하지만 로마서 7장 후반부의 사람처럼 아우구스티누스는 이렇게 외친다. "이 비참한 저를 우리 주 예수 그리스도를 통한 당신의 은혜가 아니라면, 누가 이 죽을 몸에서 구원해 주시겠습니까(롬 7:24-25)?"67

3. 갈등하는 영혼을 치유하는 은혜

과연 아우구스티누스에게 은혜가 임했다. 회심하는 그 날, 그는 무화과나무 아래에 주저앉아 눈물을 주체하지 못하고 있었다(창 3:7, 요 1:37 참조). 그는 자신의 죄를 회개했다. "지금은 마옵소서(*noli modo*)."라고 기도했던 그는 이제 "왜 지금은 아닙니까(*quare non modo*)? 왜 바로 이 시간이 저의 추함이 끝나는 시간이 될 수 없습니까?"라고 기도한다(*conf.* 8.12.28).[68] 그리하여 그 유명한 "집어라, 읽어라(*tolle, lege*)!"의 회심 사건을 경험한다(*conf.* 8.12.29).

> 이런 말을 하고 있었고 제 마음의 쓰리고 쓰린 뉘우침으로 통곡하고 있었습니다. 그러다 난데없이 이웃집에서 나는 목소리를 들었습니다. 노래로 부르고 자꾸만 되풀이하던 소린데 소년인지 소녀인지 모를 목소리였습니다. "집어라, 읽어라! 집어라, 읽어라!" … 저는 걷잡을 수 없이 흐르는 눈물을 억누르고서, 성경을 펴들고 거기 눈에 들어오는 첫 대목을 읽으라고 하나님이 제게 명령하시는 것 외에 다름 아니라고 해석하고서는 벌떡 일어났습니다. … 그래서 저는 알리피우스가 앉아 있던 자리로 급히 돌아갔습니다. 제가 일어섰던 그 자리에 사도의 책을 놓아두었던 까닭입니다. 집어 들었습니다. 폈습니다. 그리고 제 눈이 가서 꽂힌 첫 대목을 소리 없이 읽었습니다. "방탕하거나 술 취하지 말며 음란하거나 호색하지 말며 다투거나 시기하지 말고 오직 주 예수 그리스도로 옷 입고 정욕을

위하여 육신의 일을 도모하지 말라[롬 13:13-14]." 저는 더 읽을 마음도 없었고 그럴 필요도 없었습니다. 이 구절의 끝에 이르자 순간적으로 마치 확신의 빛이 저의 마음에 부어지듯 의심의 모든 그림자가 흩어져 버렸습니다.[69]

은혜를 받기 전 아우구스티누스는 두 의지가 자기 영혼 안에서 다투는 바람 영혼이 깨어져 흩어지는 것 같았지만, 이제는 확신의 빛이 찾아들어 모든 의심의 그림자가 깨어져 흩어져 버렸다. 그 은혜는 사도 바울의 성경 말씀인 로마서를 통해 주어졌다.[70]

볼프-디이터 하우쉴트의 말처럼, "아우구스티누스는 고유한 종교 경험을 성경과 관련시켜 교의학적으로 반성하고 그것을 통해서 보편화를 시도했던 신학자"였다.[71] 영혼이 탐욕으로 인하여 겪는 갈등에 대해 아우구스티누스가 내놓은 해결책 역시 그의 인생 경험과 성경에 대한 이해가 함께 반영되어 있다.

탐욕의 문제를 다룬 끝에 아우구스티누스가 제시하는 해결책은 "은혜(*gratia*)"이다. 탐욕은 은혜로서만 줄어들 수 있고 극복될 수 있기 때문이다. 탐욕의 좌소는 영혼과 육체이다(*Gn. litt* 10.12.20). 육체와 영혼으로 이뤄진 전인으로서 인간은 육과 영 모두 은혜가 필요하다. 인간이 은혜에 의존하는 것은 타락 곧 탐욕의 시작과 더불어 필요해진 일이 아니다. 오히려 인간은 그 본성상 언제나 은혜가 필요하다. 아우구스티누스는 타락 전의 인간에게도 은혜가 필요했다고 서슴지 않고 주장한다. 그러나 타락 전의 은혜와 타락 후의 은혜는 성격이 달랐다. 타락 전 아담이 필요했던 은혜는 구원을 위한 은혜가 아니라, 견인을 위한 은혜였다.[72]

이제 타락 이후의 인간에게 은혜는 더욱 절실하다. 아우구스티누스는 은혜가 주어져서 탐욕을 극복하게 되는 세 가지 방도를 제시한다.

첫째는 "세례"이다. 탐욕은 세례를 통해서 힘을 잃는다. 탐욕은 세례 이후에도 여전히 어느 정도 남아 있다. 그러나 이러한 탐욕은 실제의 죄는 아니고, 죄에 도달할 수 있는 가능성이다. 그런 점에서 원죄는 아니다. 원죄는 세례와 더불어 처리되어 버렸기 때문이다(*nupt. et conc.* 1.23.25; 1.25.28).[73] 때로 초기 작품들에서 그는 이런 입장을 일관되게 취하지는 않았다. 가령 『갈라디아서 해설』(*Expositio epistulae ad Galatas*)에서 그는 세례를 통해서 인간은 "탐욕"에서 완전히 해방된다고 주장했던 것이다.[74] 하지만 나중에 『재론고』(1.23)에서 그는 자신의 이전 입장을 철회한다. 세례 이후에도 여전히 탐욕이 있을 수 있다고 최종적으로 말한다. 신자는 비록 육에 굴복하지는 않지만, 그럼에도 불구하고 육의 정욕을 탐할 수는 있기 때문이다.[75] 중요한 것은 세례를 통해서 탐욕이 결정적으로 힘을 잃고 만다는 사실이다.

아우구스티누스의 신학에서 세례는 중생과 아주 긴밀한 관계가 있다. 세례는 죄의 용서이다(*s.* 213.9; *Jo. ev. tr.* 11.4; *en. Ps.* 80.38). 세례는 그리스도와 함께 묻히고 새로운 삶으로 살아가는 일이다(*s.* 229A.1; *ench.* 8.52). 세례는 성찬과 직결된다(*s.* 227, 229, 229A, 272).[76] 따라서 세례가 탐욕을 약하게 한다고 할 때, 단순한 세례 의식 자체에 무슨 주술적인 힘이 있어서 그렇게 되는 것처럼 생각해서는 안 되고, 이러한 복합적인 측면을 고려해서 이해해야 한다.

둘째, 탐욕을 막는 은혜의 수단은 "하나님의 말씀"이다.[77] 아우구스티누스는 로마서 13장 13-14절을 읽고 회심을 경험하였다. 그 이전에 그는 암브로시우스의 설교를 들었다(conf. 6.4.6). 또한 바울 서신서들을 읽었다(conf. 8.6.14). 말씀과의 이러한 만남 속에서 그는 회심으로 나아가게 되었다. 아우구스티누스는 설교가 영혼의 질병을 치유하는 길이라고 생각했다.[78] 그에 따르면, 설교자는 의사이다. 물론 설교자 자신이 환자이기도 하다. 모든 인생의 궁극적인 의사가 되시는 그리스도께서는 설교자와 청중 모두에게 치유를 베풀어 주신다(s. 9.4; 10.11). 아우구스티누스의 설교론에서 의사로서의 설교자 이미지는 매우 중요한 모티프이다. 설교는 사람의 영혼을 치료한다. 그리고 치료받은 사람은 사회에 선한 영향을 끼치게 된다.[79]

아우구스티누스는 설교자 자신이 그리스도를 닮아가는 자가 되어야 하며 겸손해야 한다고 주장한다(s. 37.20). 그의 신학의 중요한 특징은 인간의 내면을 주목했다는 점에 있다.[80] 그의 설교도 마찬가지였다. 그의 설교는 인간 영혼의 갈등과 번민, 고통과 기쁨을 자세히 통찰하고 영혼을 탐욕으로부터 건져내는 수단이 되었다.[81]

설교가 영혼을 치료하는 수단으로 보다 효과적으로 작용하기 위해서는, 설교자 자신이 말씀으로 치료되는 경험을 해야 한다. 또한 설교가 단지 일종의 방법론을 전하는 것이 아니라, 치료자 되신 그리스도를 전하는 것이 되어야 한다. 그리스도는 모든 질병을 궁극적으로 치료해 주시는 의사이시다. 따라서 설교가 더욱 그리스도 중심적이 될수록, 그 설교는 더욱 치료적 효과를 발휘하게 될 것이다.

셋째, 탐욕을 막는 은혜의 수단은 "탐욕 그 자체"이다. 이 말은 아주 모순적으로 들린다. 탐욕이 탐욕을 막는 수단이 된다는 말처럼 들리기 때문이다. 그러나 아우구스티누스에 따르면, 탐욕은 은혜의 수단으로 작용할 수 있다. 탐욕이 생길 때에 신자는 은혜의 처방을 사모하게 되기 때문이다. 좋은 충동뿐 아니라, 무질서한 충동도 역시 신자를 하나님께로 이끌 수 있다. 무질서한 충동 속에서 인간이 자신의 연약함을 깨닫게 되는 까닭이다.

아우구스티누스는 "탐내지 말지니라."는 말씀을 들을 때에 인간이 역설적으로 탐심을 갖게 되지만, 그러한 탐심은 또다시 역설적으로 인간으로 하여금 "은혜의 약(medicina gratiae)"을 찾게 만든다고 주장한다 (nupt. et conc. 1.29.32).[82] 이처럼 하나님의 은혜는 강력하다. 따라서 에티엔느 질송이 말한 것처럼, 아우구스티누스의 신학에서는 "은혜가 자유를 손상시키지 않고 의지에 성공적으로 작용하는 것을 막을 것은 아무것도 없다."고 요약할 수 있다.[83]

은혜, 영혼을 행복으로 이끌다!

　아우구스티누스의 영혼론에 대해 소개하고, 영혼 안에 갈등을 일으키는 탐욕에 대해 설명한 우리의 글은 그의 은혜론에 이르러 여정의 종착역에 도달했다. 사랑의 질서가 무너진 영혼을 은혜로 고쳐 잡는다는 그의 "사랑과 은혜의 신학"이 여기에서도 드러난다. 탐욕의 본질은 영혼이 하나님을 사랑하지 않고 자신을 사랑하는 데 있다.

　그러한 인간을 하나님의 은혜가 찾아온다. 하나님의 은혜를 마주한 인간은 그럼에도 불구하고 탐욕이 자신에게 더 큰 기쁨을 준다고 느낀다.[84] 인간의 중심은 자신이 더 기뻐하고 사랑하는 것으로 향하기에 영혼은 여전히 은혜보다 죄를 선택한다. 그렇기에 "우리에게 보다 큰 기쁨을 주는 것, 그것을 따라 우리가 행하는 것은 필연적이다(*quod enim amplius nos delectat, secundum id operemur necesse est*)"고 말하는 것은 분명 참이다.[85] 인간이 죄를 선택할 때조차도 여전히 인간은 자유선택 안에서 그렇게 한다. 하지만 은혜는 실패하지 않는다. 하나님이 뜻하시면, 은혜는 반드시 그 목표를 달성하고야 만다.

　은혜가 인간으로 하여금 죄와 자신을 탐하고 사랑하는 것에서부터 돌아서서 하나님과 의를 사랑하고 기뻐하도록 만들 때에도 의지에 폭력을 가하는 방식으로 작용하지는 않는다. 오히려 말씀으로 영혼을 "즐겁게 설득함(*suaviter flectere*)"으로써 은혜는 하나님께로 전적으로 향해가도록 영혼 안에 자유의지의 자발적인 움직임을 야기한다.[86] 바로 이 순간 즉, 인간의 의지가 자발성과 기쁨 가운데 하나님을 향해 나아갈 때 인간은 진정으로 자유로우며 참으로 행복해진다.[87]

인용된 아우구스티누스의 작품 목록과 약어

약어	라틴어 이름	우리말 이름
civ. Dei	*De civitate Dei*	『신국론』
conf.	*Confessiones*	『고백록』
corrept.	*De correptione et gratia*	『훈계와 은총』
doc. Chr.	*De doctrina Christiana*	『기독교의 가르침』
ep.	*Epistulae*	『서간집』
ex. Gal.	*Expositio epistulae ad Galatas*	『갈라디아서 해설』
imm. an.	*De immortalitate animae*	『영혼의 불멸』
Jo. ev. tr.	*In Johannis evangelium tractatus*	『요한복음 강해』
mor.	*De moribus ecclesiae catholicae et de moribus Manichaeorum*	『보편교회의 관습』
nupt. et conc.	*De nuptiis et concupiscentia*	『결혼과 정욕』
quant.	*De animae quantitate*	『영혼의 위대함』
retr.	*Retractationes*	『재론고』
s.	*Sermones*	『설교』
sol.	*Soliloquia*	『독백』
spir. et litt.	*De spiritu et littera*	『영과 문자』
Trin.	*De Trinitate*	『삼위일체론』

1. 영혼이란 무엇인가요? 아우구스티누스가 제시한 영혼의 다양한 특징들을 설명해 봅시다.

2. 영혼과 육체의 관계에 대해 아우구스티누스는 어떻게 설명했습니까?

3. 영혼은 어떻게 행복을 누릴 수 있을까요?

4. 영혼이 불행한 이유는 무엇인가요? 영혼이 불행에 빠지는 다양한 양상들 가운데 자신도 비슷한 경험을 했다면 이야기해 봅시다.

5. 병든 영혼이 치유되는 길은 어떤 것이 있을까요? 영혼을 치료하는 설교는 어떤 설교일지 설명해 봅시다.

갈등하는 영혼을 본질로 치유하고 지켜내는
이그나티우스의 성찬론

EARLY CHURCH

Patristic Theology Project

갈등하는 영혼을 본질로 치유하고 지켜내는
이그나티우스의 성찬론

조윤호 (그리심교회 담임, 고신대 외래교수)

영혼을 갈등 속에 빠뜨리는 영지주의의 등장과 이그나티우스의 사명

안디옥의 이그나티우스(Ignatius of Antioch, 35-108)는 초대교회의 속
사도 교부였다. 속사도 교부란 예수님의 제자였던 사도들로부터 직접
가르침을 받았던 자들을 가리키는 말이다. 속사도 교부 가운데는 로마
의 클레멘스, 이그나티우스, 폴리갑, 클레멘스의 제2 서신의 저자, 바
나바, 헤르마스 등 여섯 명이 중심을 이루고 있었다. 그 가운데 이그나
티우스는 영지주의를 비롯한 이단들과 유대교로부터 불거진 영혼에
대한 갈등과 로마 정부로부터 가해져 오는 핍박으로 인한 영.육간의

갈등을 일곱 서신을 통해 그 본질을 바르게 돌아보도록 하였으며 여기에 대해 답을 제시했던 최초의 교부였다.

그는 구원에 대해 예수 그리스도를 믿는 믿음에 율법적 준수를 강조하며 할례를 앞세웠던 에비온주의(Ebionism)와 가현설(假現說, Docetism)을 주장하는 영지주의자(Gnostics) 사이에 일어났던 갈등의 문제를 논한 최초의 교부였다. 이 가운데 영지주의자들과 빚어진 갈등의 문제를 성찬론을 통해 해결점을 찾아갔던 최초의 신학자이기도 했다. 가현설을 앞세운 영지주의(靈知主義, Gnosticism) 이단의 주장 앞에 제시된 성찬론은 갈등에 빠진 교회를 향해 방향과 길을 제시해준 중요한 처방전이었다.

「서머나 인들에게」 보낸 서신의 제7장 1절에 따르면 이그나티우스의 성찬론은 크게 세 가지 점을 인정하는 것으로부터 출발한다. (1) 그리스도의 '참된 신성'과 '참된 인성'이다. (2) 그리스도의 '참된 죽음'에 대한 인정이다. (3) 그리스도의 '참된 부활'에 대한 인정이다.[1] 그리스도가 십자가에서 죽으신 것을 가현적으로 설명하는 영지주의자들의 거짓된 주장 앞에 성찬론을 제시하면서 그리스도의 '참된 신성'과 '참된 인성'으로 반증한다. 이유는 그리스도에 대한 바른 지식이 없이 영혼에 대한 올바른 제시가 주어질 수 없었으며, 그릇된 영혼의 구원관 속에 사로잡힌 그들의 주장에 대한 반박과 그들의 미혹에 빠진 영혼들에게 정확한 답을 준다는 것은 불가능한 일이었기 때문이다.

초기 기독교와 함께했던 영지주의는 유대교의 전통과 헬레니즘

(Hellenism), 그리고 플라톤 사상이 혼합을 이루면서 시작된다.[2] 이단 문제를 최초로 조직신학적으로 다루었던 이레나이우스(Irenaeus, 130-202)의 「이단 반박서」에 따르면 영지주의의 시작은 사도행전 8장 9~25절에 등장하는 마술사 시몬(Simon Magus, ?-65)으로부터 일어난다. 그리고 그의 추종자들에 의해 마르키온(Marcion of Sinope, 85-160) 이단이 등장한다.[3] 순교자 유스티누스(Justinus Martyr, 100-165)는 자신의 「제1변증서」에서 이레나이우스 보다 먼저 이것을 지적하고 있다. 심지어 마술사 시몬은 사마리아인들을 비롯한 다소의 사람들에 의해 신으로 고백되고, 숭배되기까지 했다고 한다. 이런 가운데 그의 추종자들에 의해 하나님보다 더 위대한 신이 제시되며, 뱀은 위대한 상징과 신비로 묘사되기도 했다.[4]

영지주의의 등장에 대한 또 다른 견해에 의하면 사도행전 6장 5절에 등장하는 일곱 집사 가운데 한 명이었던 니골라(Nicolas)를 영지주의를 일으킨 우두머리로 보기도 한다.[5] 이런 가운데 영지주의는 중기 플라톤 철학과 함께 혼합된 영지사상이 발렌티누스(Valentinus, 100-160/180)에 의해 발전하게 된다. 이와 같이 영지주의의 출발은 어느 한 사람에 의해 구성되었다고 말하기보다 여러 분파적인 요소를 담고 있었으며, 교회 내에서 분파를 형성했던 집단이었다. 이런 영지주의는 다양한 영지적 관점으로 구원에 관한 갈등을 교회 가운데 유발(誘發)시킨다.

사도시대 이후 속사도들이 이끌었던 2세기의 교회는 교리를 체계적으로 세우지 못한 상태였다. 영지주의자들은 '지식을 통한 영혼의 구원'이라는 자신들의 거짓된 주장으로 교회를 점령하기 시작한다. 교회 내에 심각한 교리적, 영적 갈등을 일으킨다. 이들은 '영적 그리스도'를 통한 '영적 구원'을 추구하고 있었다. 교회가 로마정부와 유대교로부터 핍박받고 있던 2세기였다. 핍박과 고난, 그리고 교리적으로 아직 중심을 잡지 못한 때였다. 영지주의자들은 이런 교회의 약점을 놓치지 않고 파고든다. 이들의 계획대로 교회의 신자들은 거짓된 주장에 사로잡혀 영혼이 이들의 포로가 되는 치명상을 입게 된다.[6] 이와 같은 상황을 누구보다 잘 알고 있었던 이그나티우스는 순교 당하기 위해 로마로 향하고 있었다. 순교 현장을 향하던 그는 서신을 통해 자신의 마지막 사명을 감당한다.

이그나티우스의 성찬론은 사도들의 가르침을 배경으로 하고 있다.[7] 그는 성찬론을 통해 사도들의 신학을 대변하면서 거짓된 주장에 대해 반증한다. 이를 통해 교회와 신자들을 향해서는 갈등 속에 빠진 영혼들을 안식처로 인도하는 역할을 감당하는 사명자의 모습을 비춰내고 있다. 사도들의 가르침을 성찬론에 올려놓고 영지주의자들의 거짓된 주장으로 영혼이 심각한 갈등의 오류 속에 빠져 있는 교회를 향해 세 가지의 처방을 내린다.

(1) 구원의 효력
(2) 부활의 참된 진리

(3) 참된 일치와 연합

이그나티우스의 성찬론은 두 가지 점에 유익을 준다. 첫 번째는 성찬론이 주는 진정한 의미를 찾게 한다. 두 번째는 사도들의 성찬에 대한 이해를 엿볼 수 있게 한다. 특히 이그나티우스의 성찬론는 영지주의자들과 갈등을 빚고 있는 영혼들 앞에 세 가지 교훈을 제시하고 있다.

(1) 예언의 성취
(2) 영생에 대한 확신
(3) 참된 제자관

이그나티우스의 성찬론은 영혼을 병들게 하는 영지주의자들의 주장에 대해 답을 주는 것만으로 끝나지 않는다. 그의 성찬론은 시대 앞에 놓여 있는 우리로 하여금 신앙 가운데 갈등하는 영혼들을 향해 자신을 어떤 모습으로 세워나가야 하는지 유익한 답을 주고 있다.

1. 영혼을 갈등하게 만드는 영지주의자들과 맞선 성찬론의 네 가지 특징

(1) 언약론

창세기 3장 15절은 아담과 관련하여 두 가지를 언약하고 있다. 하나는 아담의 회복을 말하는 '은혜언약'이다.[8] 또 다른 하나는 '발꿈치에 대해 상함'을 입는 값이 함께 언약되고 있다. 이런 '언약'을 성취하기 위해서는 아담과 관련하여 두 가지 점이 선결되어야 한다. 첫 번째는 아담 당사자가 직접 죄에 대한 값이 되어야 한다. 두 번째는 머리와 대표성에 따른 아담의 문제가 해결되어야 한다.[9] 여기에 대해 이그나티우스는 그리스도가 동정녀를 통해 성육신한 것과 하나님의 구원계획 안에서 '다윗의 씨'로 잉태된 사실을 「에베소 인들에게」 보낸 서신의 제18장 2절과 제19장 1절에서 확인해주고 있다. 이것은 언약을 이루는 측면에서 다음과 같은 사항을 충족시킨다. 첫 번째, '참 아담'의 조건을 충족시킨다. 동정녀를 통한 성육신은 그리스도가 아담의 '육'과 '혈'을 취한 상태에서 태어났다는 것을 증명한다. 따라서 그리스도가 '참 아담'이라는 사실을 증명하고 있다.

> 우리의 하나님이신 예수 그리스도는 마리아에 의해 잉태되었으며, 하나님의 구원계획 안에서 다윗의 씨로부터 그리고 성령으로부터 나셨습니다. 그분은 자신의 수난으로 물을 깨끗하게 하기 위하여 태어나셨고, 세례를 받으셨습니다. 마리아가 동정녀였던 것과 그녀가 아기를 낳은 것이 그랬듯이 주님의 죽음은 이제 이 세상의 군주의 시야를 피했습니다. ...(Ep. 18:2-19:1)[10]

두 번째로 인류의 머리로서 대표성을 충족시킨다. 인류의 첫 조상을 '사람'이라 뜻하는 '아담(אָדָם)'으로 부른다. 이것은 '아담'이 하나님의 피조물인 '사람'의 전체를 대표하고 있다는 것을 의미한다. 이런 아담에게 창세기 1장 28절에서 "정복하라", "다스리라"라고 명하신다. 그리고 창세기 2장 15절 에덴동산을 "경작하며 지키게" 하신다. 이어 창세기 2장 17절에서 "선악을 알게 하는 나무의 열매를 먹는 날에는 반드시 죽을 것"을 말씀하신다. 여기서 아담에게 창세기 2장 17절의 말씀을 지킬 수 있도록 직분이 부여된다. '왕'과 '선지자', '제사장'의 직분이다. 이것은 아담이 대표성과 머리의 성격을 가졌다는 것을 대변한다.[11]

성자 하나님께서 우리를 구원할 메시아인 '예수'로 오실 때 '그리스도'로 오실 것이 언약된다. 일명 '구속언약'이다. 창세 전, 하나님께서는 죄에 빠진 아담을 구원하실 것을 언약하신다. 이때 대속의 완전함을 이루기 위해 중보적 기능을 가진 제이위되시는 성자 하나님께서 완전한 아담이 되실 것이 작정 된다. 그리고 아담이 범한 죄에 대해 본질적 접근을 이룬다. 아담은 하나님의 피조 세계를 하나님을 대신하여 다스릴 청지기였다. 중보자 되시는 성자 하나님께서 구세주인 '예수'로 오실 때 육신만의 아담이 아니라 직분에 이르기까지 완전한 아담이 되어야 했다.

아담의 죄는 하나님의 명령에 대한 불순종이었다. 이때 불순종은 세 직분에 대한 직무유기를 통해 나타났다. 따라서 아담의 대속을 이룰 완전한 아담은 첫째 아담의 직분을 통해 대속을 이뤄야만 한다. 그러므로 성자 하나님께서 우리를 구원할 메시아인 '예수'로 오실 때, '왕'과 '선지자' 그리고 '제사장'의 세 직분을 취해야만 했다. 그래서 성자 하나님께서 우리를 구원할 자로 오실 때 '그리스도'로 오신 것이다. '그리스도'는 단순한 명칭이 아니다. 구약에 따르면 '기름 부음을 받은 자'로서 '왕', '선지자', '제사장'의 직분을 명시한다. 이것은 둘째 아담으로 오실 성자 하나님이 성육신하실 때, 머리로서, 대표성으로서 이 땅에 오신다는 것을 의미한다. 따라서 '그리스도'는 대속의 완전한 제물이 됨과 동시에 아담의 당사자였으며, 대표성을 나타내고 있다.[12]

창세기 3장 15절의 '은혜언약'은 그 성취가 동정녀의 몸을 통해 잉태한 '씨'로 이루어질 것을 말한다. 이사야 7장 14절은 이것을 보다 더 구체적으로 '임마누엘'이라 계시하고 있다. 그리고 그 '씨'가 '다윗의 계보'를 통해 이뤄질 것을 하나님께서 언약하셨다(삼하 7:12 참조). 예수님이 사랑했던 제자 요한은 증거한다. "성경에 이르기를 그리스도는 다윗의 씨로 또 다윗이 살던 마을 베들레헴에서 나오리라 하지 아니하였느냐 하며"(요 7:42).

이그나티우스는 '언약'이라는 단어를 직접 사용하지는 않았다. 그러나 그가 기록했던 서신들을 면밀하게 살펴보면 그는 위에서 거론되었던 것처럼 사도들이 가지고 있었던 언약적 관점에 서 있었다는 것을 알 수 있다. 「에베소 인들에게」 보낸 그의 서신에 나타나는 '예수 그리스도', '하나님의 구원계획', '다윗의 씨', '성령을 통한 잉태', '동정녀'

등은 모두 언약과 관련된 내용들이다.

　에비온주의와 영지주의 문제로 인한 갈등에 대해 속사도 교부였던 그는 사도적 증거를 통해 갈등에 따른 답을 교회를 향해 제시하지 않을 수 없었다.[13] 이런 측면에서 이그나티우스의 성찬론은 단순한 교리적 제시가 아니었다. 당시 이단들과 교리 문제로 일어났던 영적 갈등에 대한 사도의 입장을 대변하는 변증이기도 했다. 그리고 내용은 언약을 근거로 하고 있었다.

　초기 유대교 연구가인 헤르만 리히텐베르거(Hermann Lichtenberger, 1943-현재)에 따르면 사도들은 성찬을 크게 두 가지 관점으로 바라보았다. 하나는 성찬을 하나님의 통치를 현실화하는 것으로 여기고 있었다. 또 다른 하나는 예수 그리스도의 피와 관련하여 언약적 관점으로 성찬을 바라보았다.[14] 마태복음 26장 28절은 '예수의 피'를 성만찬에서 '대속'과 '언약의 피'로 증거하고 있다. 사도들의 영향 가운데 있었던 이그나티우스는 그리스도의 피를 언약과 관련하여 성찬과 연결한다.

　「에베소 인들에게」 보낸 서신의 제18장 2절과 제19장 1절에서 이그나티우스는 그리스도가 '다윗의 씨'였다는 것과 마리아가 '동정녀'였다는 사실을 부각시킨다. 이것은 창세기 3장 15절에 따른 '은혜언약'과 그 언약의 성취에 따른 언약론을 제시하고 있다. 「웨스트민스터 대요리문답」(The Westminster Larger Catechism, 1648) 제35문에 따르면 '은혜언약'이 신약에서 시행된 것은 "말씀의 설교와 세례, 그리고 성찬의 시행으로 시행되었으며" 앞으로도 이것은 계속된다.[15] 그러나 영지주의자들은 이런 '언약론'을 배격하고 있다. 이그나티우스는 '언약'과 관련된 그리스도의 참된 인성을 거부하는 영지주의자들의 교리에 일침을 가한다.

「서머나 인들에게」 보낸 서신은 교회의 분열과 영적 갈등을 조장시키고 있는 영지주의자들과 관련하여 더욱 특별하다. 「서머나 인들에게」 제6장에서는 그리스도의 '참된 인성'을 믿지 못하는 영지주의자들을 가리켜 '심판'이라는 강한 어조를 사용하며 자신의 감정을 표출하기도 한다. "... 만약 그리스도의 피를 믿지 못한다면 이들 또한 심판입니다. ... 우리에게 주어진 예수 그리스도의 은혜에 대해 잘못된 견해를 가지고 있는 자들을 특별히 주의하셔야 합니다."[16] '그리스도의 피'는 구원에 따른 언약의 성취를 이루고 있다.

영지주의자들과 관련된 영적 갈등에 대한 접근을 이그나티우스는 성찬과 긴밀하게 연결시키고 있다. 「서머나 인들에게」 보낸 서신의 제7장 1절에서는 그리스도의 '참된 인성'과 '참된 죽음', '참된 부활'을 거부하는 자들을 가리켜 "성찬으로부터 멀리 떨어져 있는 자들"이라고 칭한다.[17] 그는 영지주의자들을 '언약과 멀어진 자', '언약과 관련 없는 자'로 여기고 있었다. 영지주의자들의 문헌집인 나그 함마디(Nag Hammadi library)에 따르면 세계는 힘의 세력에 의해 각각의 자손이 세워진다. 보이지 않는 세계에서 시작하여 보이는 세계가 지어진다.[18] 이런 영지주의자들의 교리는 언약을 논하지 않는다. 그들의 교리는 구원을 '영의 회복'과 '영의 탈출 과정'으로 여기고 있다.

영의 구원을 주장하며 그리스도의 참된 인성을 거부하고 있는 영지주의자들과 논쟁에서 이그나티우스는 언약의 성취를 이루기 위해 이 땅에 오신 그리스도를 성찬과 연결하여 말한다. 그는 성찬과 관련된 '그리스도의 피'에 대해 두 가지를 설명한다. 「에베소 인들에게」 제1장 1절에서는 '그리스도의 피'를 '하나님의 피'라는 표현을 사용하여 그리스도의 '신성'을 강조한다. 그리고 같은 서신 제20장 2절과 「트랄레스 인들에게」 제9장 1절에서는 '다윗의 혈통'의 표현을 빌려 그리스도의 '인성'과 함께 언약의 성취를 부각시킨다.

그리스도의 참된 인성을 거부하며, 영적 활동을 앞세워 언약적 관점을 밀어내는 거짓으로 교회를 갈등의 위기로 몰아갔던 영지주의자들의 가르침에 대해 이그나티우스는 '다윗의 씨'와 '다윗의 혈통'을 제시한다. 이를 통해 '동정녀 마리아'에게서 태어난 '그리스도의 언약'을 비춰낸다. 그리고 이것을 성찬으로 이어가며 영적 갈등의 문제를 해소(解消) 시킨다.

이그나티우스의 「에베소 인들에게」 제18장 2절에 의하면 그리스도가 '성령으로부터' 나셨다는 것은 그리스도가 완전한 대속을 이룰 제물의 모습(죄 없는 상태)을 갖추었다는 것을 말한다. 둘째 아담으로서 첫째 아담의 완전함을 담아낸 '참된 인성'임과 동시에 죄 없는 상태로 태어난 그리스도의 모습이다. 그는 이런 것들을 「에베소 인들에게」 제13장 1절과 「서머나 인들에게」 제7장 1절의 성찬과 연결한다. 그리고 영지주의자들의 주장에 대한 거짓됨과 모순을 지적한다.

우리의 하나님이신 예수 그리스도는 마리아에 의해 잉태되었으며, 하나님의 구원계획 안에서 다윗의 씨로부터 그리고 성령으로부터 나셨습니다.(*Ep.* 18:2)[19]

더 자주 모여서 하나님의 성찬을 거행하고 찬양하도록 노력하십시오. 여러분이 자주 만날 때 사탄의 권력은 전복되고 그의 파괴성은 여러분의 만장일치된 믿음에 의해 심판되기 때문입니다.(*Ep.* 13:1)[20]

그들은 성찬식이 우리의 죄를 위해 고난당하고, 아버지께서 [죽은 자 가운데서] 살리신 우리 구주 예수 그리스도의 몸임을 인정하지 않기 때문에 성찬식과 기도의 예식을 멀리합니다.(*Smy.* 7:1)[21]

(2) 십자가론

이그나티우스는 「서머나 인들에게」 제1장 1절에서 신자를 가리켜 "영과 몸이 그리스도의 십자가에 못 박혀 있는 자"라고 말한다. 그리스도의 십자가 사건을 가현설로 폄하(貶下)하고 있는 영지주의자들을 겨냥하여 그리스도의 십자가와 관련된 '영'과 '몸'을 제시한다.[22] 여기서 우리는 이그나티우스가 무엇 때문에 '영'과 '몸'을 '그리스도의 십자가'와 연결하고 있는지 두 가지 측면에서 그 이유를 발견하게 된다.

첫 번째 이유는「서머나 인들에게」보낸 서신의 제2장과 제3장에 잘 나타나 있다. 영지주의 이단들은 그리스도의 인성을 거부할 뿐만 아니라 십자가에 못 박힌 그리스도에 대해 가현설을 주장하고 있었 다. 영지주의자들은 구세주를 신성과 인성으로 '한 인격'을 이룬 그리 스도에게서 찾지 않았다. 이들은 구세주를 '영의 그리스도'에게서 찾 고 있었다. 구세주의 역할은 영혼을 안식으로 인도한다는 것이 이들 의 주장이었다.

나그 함마디에 기록된「진리의 복음」에 따르면 그리스도가 십자 가에 못 박힌 것은 몸이 아니었다. 가현적인 것이며, 성부에 대한 지 식의 열매였다.[23] 영지주의자들에 의하면 그리스도가 십자가에 못 박 힌 것은 가현적인 것으로, 하나의 위장술이었다. 흔적을 남기고 죽 은 것처럼 보이도록 위장한 이유는 신의 악한 창조를 도운 아르콘들 (Archons)을 속이기 위한 것이었다.[24] 아르콘은 영혼을 육체의 감옥에 가두는 일을 감당하고 있었다.[25] 따라서 십자가에 못 박힌 그리스도의 모습을 보고 진짜로 죽었다고 여기는 자들을 영지주의자들은 비웃었 던 것이다. 이런 가현설을 반박하기 위한 교리적 제시가 이그나티우 스로부터 주어진다. 그는 그리스도가 '영'과 '육'의 모습으로 십자가에 서 대속을 이루었으며, 여기에 덧붙여 그리스도의 신성과 인성을 동 시에 강조한다.[26]

그분(그리스도)께서 우리를 위해 이 모든 고난을 겪은 것은 우리를 위해서였으며, 이것은 우리를 구원하기 위해서였습니다. ... 진정으로 고난을 받으셨습니다. ... 그분의 수난은 가짜가 아니었습니다. 가짜는 그들(영지주의자들)입니다! ... 부활하신 후에도 그분이 육신으로 계신 것을 확신하고, 믿습니다. 그들(제자들)은 그분의 몸을 만졌고 그분의 호흡을 느끼면서 확신했습니다. ... 더욱이 부활 후에 그분은 영적으로는 아버지와 연합되었지만 실제 인간으로서 그들과 함께 먹고 마셨습니다.(*Smy.* 2:1-3:2)[27]

우리의 '영'과 '몸'을 '그리스도의 십자가'와 연결하는 두 번째 이유는 인간의 형성에 대한 내용과 연관이 있다. '영혼'과 '육체'에 대한 이분설의 입장과 함께 그리스도가 십자가에 못 박힌 것이 우리의 '영혼'과 '육체'의 죄에 대한 대속이란 것을 증거하기 위해서였다. 바울과 베드로의 가르침을 따랐던 이그나티우스는 사도적 가르침을 떠나지 않는다.[28] 사도서에 능통했던 그는 바울과 베드로의 가르침을 따라 우리의 구원과 관련해 세 가지 중요한 교리를 제시한다.

(1) 그리스도가 십자가에서 이루신 사건을 아담의 대속에 따른 대표성으로 설명하고 있다. 여기에 대해 고린도전서는 이렇게 증거한다. "사망이 한 사람으로 말미암았으니 죽은 자의 부활도 한 사람으로 말미암는도다. 아담 안에서 모든 사람이 죽은 것 같이 그리스도 안에서 모든 사람이 삶을 얻으리라"(고전 15:21-22).

(2) 그리스도 안에서 신자는 새로운 피조물이 된다는 것을 증거한

다. 여기에 대해 고린도후서는 이렇게 증거한다. "그런즉 누구든지 그리스도 안에 있으면 새로운 피조물이라 이전 것은 지나갔으니 보라 새것이 되었도다"(고후 5:17). 참고로 이그나티우스는 바울 서신 가운데서 특히 고린도전·후서에 매우 능통하였다. 그리고 이것을 풀어서 적용하는데 있어서 탁월한 성경관을 가지고 있었다.

(3) 구원에 대해 육신뿐만 아니라 영혼의 구원이 있다는 것을 가르친다. 여기에 대해 베드로전서는 이렇게 증거한다. "믿음의 결국 곧 영혼의 구원을 받음이라"(벧전 1:9).

사도들의 가르침을 따르던 이그나티우스의 신학은 영지주의자들을 반박하기 위해 그리스도와 함께 제시되는 십자가를 성찬론과 연결한다. 「트랄레스 인들에게」 제11장 2절에서는 십자가를 '가지'로 설명하고 있다. 십자가는 연결의 역할을 한다. 십자가는 죽지 않는 열매를 맺게 하는 '가지'며, 그리스도께서 신자를 부르는 도구다.[29] 요한복음 15장에 의하면 그리스도인은 "포도나무인 그리스도의 가지"다.(참고, 요 15:2~5) 십자가 신학을 대변하였던 루터(Martin Luther, 1483-1546)는 십자가를 가리켜 교회가 끝까지 붙들어야 할 '판결문'이라고 했다.[30]

「트랄레스 인들에게」 제6장 1절에서 주장하고 있는 것처럼 십자가는 영지주의 이단과 구별 짓는 그리스도인의 양식을 제공하는 구별점이었다. 이런 이그나티우스의 십자가 신학은 그의 성찬론을 통해 그대로 드러나고 있었다. 「서머나 인들에게」 제7장 1절에서 이그나티우스는 성찬에서 그리스도의 '몸'을 논하면서 그리스도의 십자가와 관련하여 가현설의 거짓됨을 증거하고 있다. 그는 「로마인들에게」 제7장 3절에서 그리스도의 몸을 '빵'으로, 그리스도의 피를 '음료'로 표현한다.[31]

십자가에서 그리스도의 '몸'과 '피'가 이룬 대속을 성찬에서 '빵'과 '음료'가 이를 대신한다. 여기서 이그나티우스는 십자가의 결실인 그리스도 안에서의 새로운 피조물과 구원에 따른 영생을 증거한다. 로마 가톨릭의 교회사 학자인 한스 큉(Hans Küng, 1928-2021)에 따르면 이그나티우스는 성찬에 대해 '유카리스티아(εὐχαριστία, 단어의 원래 뜻은 감사를 말하고 있다. 그러나 성찬에 관한 용어로 고유 명사화해서 사용되고 있다)'라는 단어를 사용하여 하나님의 구원 행위에 감사를 표현하였다.[32]

이그나티우스는 「에베소 인들에게」 제13장 1절과 제21장 1절, 「빌라델피아 인들에게」 제4장 1절, 제6장 3절, 제11장 1절, 그리고 「서머나 인들에게」 제6장 2절, 제8장 1절, 제10장 1절에서 성찬의 의미가 그리스도의 실제적 행위를 담고 있음을 '유카리스티아'를 통해 증거한다. 그리고 이를 통해 십자가의 가현설로 영적 갈등을 조장하고, 성찬을 거부하도록 이끌어가고 있는 영지주의자들의 주장이 거짓되다는 것을 밝힌다.

(3) 그리스도론

인간 구원의 완전함을 이루기 위해 신성이 인성을 취한다. 성자는 아담의 대속을 이루는 측면에서 값을 치루기 위해 그리스도로 이 땅에 오셨다. 여기에는 하나님의 진노에 따른 값이 있었고, 죄의 삯인 사망이 있었다. 이것이 이그나티우스의 그리스도론에서 증거되고 있다. 이그나티우스는 「에베소 인들에게」 보내는 서신과 「트랄레스 인들에게」, 「빌라델피아 인들에게」, 「서머나 인들에게」에게 보낸 서신에서 그리스도는 영에 속했을 뿐만 아니라 '인간의 아들이신 그리스도', '하나님의 아들인 그리스도'와 함께 '성육신한 그리스도', 우리의 죄를 대속하기 위해 '고난받으신 그리스도', '대속하신 그리스도', '부활하신 그리스도', '승천하신 그리스도'로 표현하고 있다.[33]

이그나티우스의 신학은 전체적으로 그리스도를 조명하며, 변증하고 있다.[34] 이런 그리스도론을 그는 성찬과 연결시킨다. 「로마 인들에게」 보낸 서신에 의하면 성찬은 하나님의 진노의 값과 죽음의 값을 완전하게 성취한 '몸'이 '하나님의 빵'으로, '피'가 '음료'로 주어지는 장소였다.[35] 이것이 영생에 따른 '불멸의 약'으로 성찬 가운데 주어진다는 것을 「에베소 인들에게」 제20장 2절에서 제기하고 있다. 그러나 영지주의자들의 그리스도론은 그렇지 않다. 구원에 있어서 그리스도가 육신의 몸을 입은 것은 가현에 따른 위장술이었다. 영혼을 구원하기 위해 아르콘의 세력들에게 눈에 띄지 않도록 임시 방편적인 측면에서 취한 조치였다는 것이 이들의 주장이다.[36]

이그나티우스의 성찬론이 그리스도론과 연결되는 것은 두 가지 사실에 대한 접근을 이루기 위해서였다. 하나는 영지주의자들의 가현적 제시에 대한 '그리스도의 실재론'이다. 또 다른 하나는 그리스도로 말미암아 이루어질 '언약의 실재론'이다. 성찬은 두 실재론에 대한 변증이었다. 이그나티우스는 이단과 갈등에 따른 문제를 그리스도론을 중심으로 한, 성찬 논쟁을 신학적으로 이끌어갔던 최초의 교부라 말할 수 있다. 그는 「빌라델피아 인들에게」 제8장 2절에서 "그리스도는 자신의 마음의 근본"을 이루고 있다고 밝힌다. 그리스도와 관련된 십자가와 죽음, 부활은 이그나티우스의 신앙과 신학의 바탕이었으며, 성찬론으로 이어지는 연결고리였다.

> 나는 여러분에게 촉구합니다. 파벌 지어 일하지 마시고 그리스도의 제자답게 행동하십시오. ... 나의 마음의 근본은 예수 그리스도입니다. 지울 수 없는 흔적들은 그분의 십자가와 죽음과 그분의 부활과 그분에 의해 생겨난 신앙입니다. 내가 의롭게 되기를 원하는 것은 이러한 일과 여러분의 기도를 통해서입니다.(*Phil.* 8:2)[37]

영지주의자들의 주장에 따르면 그리스도는 악한 세상에 갇혀 있는 인간들을 이 세상으로부터 탈출시키기 위해 '알려지지 않은 신'으로부터 보내진 사자였다. 나그 함마디에 수록된 「빌립의 복음」은 예수님 자체를 성찬으로 여기며, 세상을 십자가에 못 박으려고 오신 분으로 증거하고 있다.[38] 그리고 「발렌티안의 설명」은 그리스도가 죽을 때마다 순결한 음식과 음료를 모든 사람들에게 제공한 것으로 논한다. 그러나 이것은 그리스도의 실체를 논하는 성찬과 십자가에 따른 구원론이 아니다. 지식에 따른 구원론이었으며, 영적인 의미를 내포하고 있다.[39] 이그나티우스는 이런 영지주의의 가현적 실체론을 '몸'과 '피'를 통한 실재의 실체론의 성찬으로 증거해냈다. 그리고 이것을 '인간의 아들이신 그리스도', '하나님의 아들인 그리스도', '성육신한 그리스도', '고난받으신 그리스도', '대속하신 그리스도', '부활하신 그리스도', '승천하신 그리스도'를 성찬론과 연결하여 변증했던 것이다.

(4) 선택론

이그나티우스의 성찬론은 영지주의자들을 적접 대항하고 있다. 이런 측면에서 제시된 성찬의 교리적 형태는 변증적인 이그나티우스의 신학적 유형을 담고 있다. 그리고 교회와 관련한 구원론과도 긴밀한 관계를 가지고 있다. 구원론에 대해 영지주의자들은 기존 교회의 구원론과 동일한 '선택된 자'의 구원론을 제시하고 있다. 그러나 이들의 '선택론'은 선택에 의해 영지주의가 되는 것이 아니다. 영지주의자이기 때문에 선택되는 것이다.

선택이 앞서는 것이 아니라 영지주의가 앞선다. 따라서 구원받기로 '선택된 자'는 영지주의자로 태어난다는 것이 이들의 주장이다. 마치 '운명 결정론'과 같다. 앞에서 이미 밝혔던 것처럼 이들은 그리스도가 십자가에서 죄의 값을 지불한 대속을 인정하지 않는다.[40] 아담의

'원죄'를 거부한다. 영지주의자들은 아담의 '원죄'로 말미암아 하나님의 선한 창조 세계에 '가시와 엉겅퀴'가 나고, 악이 세상 가운데 들어오게 되었다는 사실을 거부한다. 나그 함마디에 수록된 「세상의 기원」에 따르면 창조는 어둠에 따른 혼돈이었다.

> 세상과 인류의 신들이 혼돈 이전에 존재하지 않았다고 말하는 것은 혼돈의 근원 또는 그 뿌리의 정통함을 알지 못하기 때문에 일어난 착각입니다. ... 그러나 그것의 외관은 어둠으로서 '흑암'이라는 이름으로 불려집니다. 그것으로부터 흑암을 지배하는 세력이 나타났습니다. 그리고 그 뒤를 이은 세력은 어둠을 '무한한 혼돈'이라고 불렀습니다. (CODEX. XIII)[41]

영지주의자들은 구원에 대해 선택적 교리를 펼치고 있다. '선택된 자'는 영으로 이미 결정되어졌으며, 그리스도의 말씀은 이 영들을 일깨우는 측면에서 복음이었다. '선택된 자'는 오직 영지주의자 자신들뿐이었다. 그리고 이런 영지주의를 찾는 작업이 말씀에 따른 구원의 복음 선포였다.[42] 영지주의자들이 기록한 「예수 그리스도의 지혜」에 따르면 하나님 나라에 대한 예수님의 가르침인 '산상수훈'은 '선택된 자들'인 영지주의자들의 영을 일깨우는 '예수의 지혜'였다.[43] 이그나티우스는 「에베소 인들에게」 제5장에서 '교회'와 '예수 그리스도'는 불가분의 관계며, 긴밀한 관계에 놓여져 있다는 것을 말한다. 그는 이를 통해 '선택된 자'에 대한 교리를 간접적으로 증거한다.[44] 그리고 이것을 성찬과 연결하여 교회 감독에게 잘못된 교리로 저항하는 영지주의자들의 오만함과 교만함이 분파를 일으키고 있다는 것을 함께 지적한다.

> ... 교회가 예수 그리스도와 함께, 예수 그리스도께서 아버지와 함께 즐거워하듯이 여러분이 감독과 친밀한 관계에 있다면 내가 축하하지 않겠습니까? ... 만약 어떤 사람이 성전 안에 머물러 있지 않다면 그에게는 하나님의 빵이 결핍될 것입니다. ... 여러분의 예배에 참여하지 않는 사람은 분열주의자가 된다는 사실을 통해 그들의 오만함을 발견하게 됩니다. 또한 '하나님은 교만한 자를 저주하신다'고 말씀하고 계십니다. 그러므로 우리가 하나님께 복종하기 위해서는 감독에게 저항하는 것을 진심으로 피해야겠습니다.(*Ep.* 5:1-2)[45]

이그나티우스에 따르면 성찬은 '교회 안에 거하는 자'에게 주어지는 특권이다. 성찬은 '성전 안에 있지 않는 자'에게는 '하나님의 빵'이 결여된다는 것을 가르치고 있다. 성찬은 이를 통해 두 가지를 간접적으로 제시한다. 첫 번째는 교회 밖에 있는 자에게는 구원이 없다는 교리를 간접적으로 제시한다. 두 번째는 구원은 그리스도가 십자가에서 이루신 대속에 참여하는 자의 것이라는 교리를 간접적으로 제시한다. 결과적으로 영지주의자들은 구원받을 자로 택함을 받지 않았다는 것을 성찬을 통해 강조하고 있다.

계속해서 「에베소 인들에게」 제7장에서 가현설을 반박한다. 그리스도의 참된 성육신과 고난과 죽음은 '택한 자'인 우리를 위한 대속의 값을 이루기 위함이었다는 것을 변증한다. 그리고 우리를 회복시키기 위한 구원이 오직 그리스도 한 분에게 속해 있었음을 다음과 같이 알린다. "거기에는 오직 한 분의 의사가 있을 뿐입니다. 우리의 주님이신 예수 그리스도입니다."[46]

2 갈등하는 영혼을 위한 세 가지 처방

(1) 구원의 효력을 증거

영지주의자들의 신론은 유일신론이 아닌 다신론이다. 그리고 사람의 창조는 아담과 하와가 아니라 다양한 사람들이라는 복수에 초점이 맞춰져 있다. 구약에 등장하는 창조주 하나님을 악의 신으로 묘사했던 사마리아인 마술사 시몬의 가르침은 영지적인 사변을 계속해서 낳게 된다.[47] 이런 영지주의자들은 무에서 태초를 말하지 않는다. 존재한 것에서부터 태초를 논한다. 따라서 불멸의 존재들과 관련된 '소피아 (Sophia, 지혜)'는 세상의 기원에 있어서 중요한 역할을 한다. 초기 영지주의자였던 메난드로스(Menandros)의 제자 사투르니누스(Saturninus)는 창조에 대해 두 가지 이론을 만들어낸다. 하나는 유일한 '알지 못하는 신'에 의한 '천사들'의 창조다. 또 다른 하나는 일곱 천사를 통한 세상의 창조와 미완(未完)에 따른 인간의 형체를 만든 일이다.

창조 기사를 보면 천사들에 의해 미완성된 인간이 만들어진다. 그리고 하나님께서 이런 인간을 불쌍히 여기시고 그를 바르게 세워 생명을 누리게 했다는 것이다.[48] 메난드로스의 또 다른 제자인 바실리데스(Basilides)는 구원을 위해 이 세상에 보내진 그리스도의 이름을 '지성'으로 부르고 있다.[49] 이런 영지주의 사상은 그리스도의 인성을 참된 인간의 영역에 두지 않는다. 이들은 그리스도가 우리의 구원을 이루기 위해 인성으로 고난 당하고, 십자가에서 이룬 대속의 죽음을 잘못된 가르침으로 여기고 있다.[50] 이들의 다양한 사상에 의하면 세례는 우리에게 계시된 지식의 요소를 충만하게 한다. 성찬은 영적 은사에 참여하는 것을 뜻한다.[51] 이런 영지주의자들의 거짓된 교리가 교회 속에 갈등을 불러일으킨다. 여기에 대해 이그나티우스는 베드로의 가르침을 따라 구원은 '그리스도의 보혈의 값'으로 말미암는다는 것을 성찬을 통해 증거한다.

이그나티우스는 바울과 베드로의 직접적인 영향 가운데 놓였던 속사도 교부였다.[52] 베드로후서 2장 1절은 영지주의자들의 거짓된 구원 교리를 반박한다. 여기서 베드로는 우리의 구원은 '영지'로 이뤄지는 것이 아니라 우리의 죄를 대속하신 '그리스도의 보혈'로 말미암는다는 것을 밝힌다.[53] 베드로는 그리스도가 십자가에서 우리의 죄를 대속하여 이루신 보혈의 사건을 '자기들을 사신 주(τὸν ἀγοράσαντα αὐτοὺς δεσπότην, Lord who bought them)'로 표현하고 있다. 베드로는 이런 진리를 부인하며 자신들의 영지적 교리를 가르치는 자들을 가리켜 '거짓 선생들' 또는 '임박할 멸망을 스스로 취하는 자들'이라고 불렀다.

이그나티우스는 「트랄레스 인들에게」제4장과 제6장, 그리고 제7장에서 영지주의자들을 가리켜 '다른 음식', '맹독을 주는 자', '성전 밖에 있는 사람'이라 부르고 있다.[54] 그는 「에베소 인들에게」제7장 2절에서 구원을 논하면서 우리를 죄악으로부터 건져주신 그리스도를 치료하시는 '의사'로 표현하고 있다. 그리고 「에베소 인들에게」제20장 2절을 통해 그리스도께서 자신의 보혈의 값으로 우리를 사셨기에 성찬의 빵을 '불멸을 위한 약'으로 표현한다. 이런 성찬은 죽음을 막고 그리스도와 연합하여 지속적인 생명을 얻는 '해독제'였다. 이그나티우스의 표현은 베드로후서 2장 1절의 말씀인 "멸망하게 할 이단"을 상기시킨다.[55]

이그나티우스는 「빌라델피아 인들에게」보낸 서신의 제4장과 제5장에서 예수 그리스도 보혈의 피 값으로 '사신바 된' 신자들로 하여금 영지주의 이단과 구별점을 성찬에서 찾도록 한다. 그리고 '하나만의 성찬식'을 준수하도록 한다. 이런 자신 또한 순교 현장을 향하고 있으며, 두 가지 측면에서 위안을 얻고 있다는 것을 밝힌다. 하나는 성만찬과 관련된 '그리스의 몸 안'이었다. 또 다른 하나는 바울과 베드로를 비롯한 사도들이 기록했던 '복음서'와 '사도서'였다.[56]

그러므로 하나의 성찬식을 지키도록 유념하십시오. 마치 장로와 동료 종들인 집사들과 함께 한 명의 감독이 있는 것처럼, 우리 주 예수 그리스도의 한 몸과 우리를 하나 되게 만드는 그분의 한 잔의 피, 그리고 하나의 제단이 있습니다. ... 그러나 하나님을 향한 여러분의 기도는 저를 온전하게 만들 것입니다. 그래서 제가 예수님의 몸 안에서 위안을 얻듯이 '복음서'와 교회의 장로회에서 위안을 얻듯이 '사도서'에서 위안을 얻으며 제가 자비롭게 최후를 맞이할 수 있도록 해줄 것입니다.(*Phil.* 4:1-5:1)[57]

「에베소 인들에게」제20장 2절에 나타나고 있는 것처럼 이그나티우스는 성찬과 관련한 구원의 효력에 대해 두 가지 교리를 증거한다. 첫 번째는 '영생불멸'의 교리다. 이그나티우스는 이것을 성찬의 '빵'을 통해 '불멸을 위한 약'으로 표현한다. 그리고 이것이 죽음을 막는 효력을 가지고 있다는 것을 증거한다. 그리스도께서 이루신 구원의 완성이 우리에게 그대로 전해진다는 구원교리다. 즉, 성찬을 통해 '빵'을 먹는 신자들에게 '영생불멸'이라는 구원의 효력이 전가된다는 것이다. 두 번째는 모든 죄악으로부터 씻음을 받는 '죄 사함'의 교리다. 성찬은 신자가 그리스도와 하나의 연합을 이루는 예식이다. 이그나티우스는 이것을 단순히 연합만으로 보지 않는다. "연합이 되어 지속적인 생명을 얻는 해독제"로 여기고 있다.

요한계시록 20장 11절의 '백보좌 심판대'는 종말에 있을 신자와 불신자의 심판대를 가리킨다. 영·육간에 부활한 상태에서 그 행위대로 하나님의 공의에 입각해 심판을 받게 된다. 이때 우리의 죄악된 모든 행위에 대해 그리스도께서 그 값이 되어주신다. 그리고 '생명책'에 우리의 이름이 기록된다. 십자가에서 "다 이루었다"라고 말씀하신 요한복음 19장 30절의 의미를 상기 시킨다.[58] 성찬이 '해독제'가 되는 것은 그리스도가 십자가에서 이루신 죄 사함의 효력을 담고 있다는 것을 말한다. 이그나티우스는 성찬을 통해 구원의 효력을 증거하고 있다. 그는 「에베소 인들에게」 제13장에서 이와 같은 성찬을 행하기 위해 더 자주 모이도록 노력할 것을 강력하게 촉구(促求)하는 처방을 내린다.

(2) 부활의 참된 진리를 증거

이그나티우스는 「로마 인들에게」 보낸 서신의 제5장 3절에서 자신의 순교가 예수 그리스도께로 가는 길임을 각인시킨다. 자신의 내면에서 일어나는 두려움의 영적 갈등과 외면에서 일어나는 상황적 두려움의 갈등을 그리스도를 향한 신앙의 걸음으로 극복하려 한다. "불, 십자가, 야수와 싸우는 것, 뼈를 비틀고, 팔다리를 찢고, 온몸을 부수고, 잔인한 고문을 당하는 것들, 나로 하여금 오직 예수 그리스도께로 나아가게만 하십시오!"[59] 그는 죽는 것을 통해 두려움을 지우려는 것이 아니다. 여기에 대한 답은 곧 이어지는 「로마 인들에게」 보낸 서신의 제7장 3절에서 찾아볼 수 있다. 그는 그리스도의 길을 따르는 순교를 가리켜 '영원한 애찬'으로 표현한다. 자신이 진정으로 원하는 것은 '하나

님의 빵'인 그리스도의 몸이었으며, 그리스도의 피였다.[60]

이그나티우스는 성만찬을 가리켜 「에베소 인들에게」 보낸 서신의 제20장 2절에서 '불멸의 약'으로 칭하고 있다. "이 모임에서 여러분은 감독과 장로회에 깊게 주의를 기울이고 '불멸의 약'인 빵을 떼고, 죽음을 막고 예수 그리스도와 연합이 되어 지속적인 생명을 얻는 해독제를 획득해야 합니다."[61] 이그나티우스는 진정한 성찬의 모습에 자신을 담는다. 그리고 고난으로부터 오는 두려움의 영적 갈등을 극복시켜 나간다. 이것은 어떤 감정적인 차원에서가 아니다. 부활의 확신과 연결되는 그의 신앙과 신학적 근거를 토대로 하고 있다. 그러나 나그 함마디에 기록된 「진리의 증언」에 따르면 영지주의자들은 순교를 가리켜 "예수 그리스도를 증거하는 것이 아니라 자신에 대해 증거하는 것이며, 공허한 것, 무익한 것"으로 여기고 있다. 심지어 순교를 육신의 주인인 아르콘들과 어울려 노는 것으로 비하한다.[62]

로마로 압송당하고 있는 이그나티우스 앞에는 유대교와 영지주의자들이 뿌려놓은 영혼의 갈등에 따른 영적 싸움이 전선(戰線)을 형성하고 있었다.[63] 특히 영지주의자들의 주장은 혼합을 이루며 교회를 더욱 갈등에 놓이게 만든다.[64] 이그나티우스는 그리스도의 피를 「서머나 인들에게」 제6장 1절에서 강조한다. "그리스도의 피를 믿지 못한다면 그들 또한 심판"이라며 가현설을 주장하는 영지주의자들을 반박한다. 이런 증거는 동일한 서신의 제7장 1절에 기록된 '성찬식'으로 내용이 이어진다. 여기서 이그나티우스는 두 가지의 가치관을 주장하게 된다.

(1) 그리스도의 피가 이룬 대속이었으며, (2) 부활의 참된 가치관이었다. 그러나 부활의 참된 가치관을 내포하고 있는 '성찬식'을 영지주의자들은 회피하였다. 이그나티우스는 우리를 살리신 그리스도의 몸을 인정하지 않는 이런 영지주의자들을 가리켜 "성찬식으로부터 멀리 떨어져 있는 자"라 칭한다.[65]

영지주의자들은 인간의 요소를 설명할 때, '공의의 영혼'을 중심에 두며 '지체'와 '육체', '영'을 설명한다. 이들은 '영혼'의 윤회와 함께 '영'의 구원을 주장하였다. 나그 함마디에 기록된 「세상의 기원」에 따르면 육체는 영을 가두어 놓는 감옥으로 비유하고 있었으며 버려질 것, 벗어나야 할 것으로 여겼다.[66] 물질적인 세계를 거부했던 영지주의자들의 구원론은 물질세계에 갇혀 있는 영혼을 해방시키는 것이었다.[67] 그들은 물질을 비물질인 영혼과 대립하는 헬라적 이원론의 관점에서 보고 있었다.[68] 여기에 대해 이그나티우스는 우리의 구원이 '영혼'과 '육체' 모두에 있다는 것을 성찬을 통해 반증한다. 그리고 교회로 하여금 잘못된 구원관에 사로잡혀 갈등에 빠지지 않도록 한다. 인격적인 그리스도가 십자가에서 이루신 대속과 부활의 사실을 부인하는 영지주의자들에게 동화되지 말도록 한다. 그리고 부활의 참된 진리를 성찬이 가지는 진정한 의미를 통해 찾도록 계속해서 처방하고 있다.

(3) 참된 일치와 연합을 증거

　　이그나티우스의 첫 번째 서신이었던 「에베소 인들에게」 보내는 서신의 제13장 1절에서는 성찬을 위해 자주 모이기를 더욱 힘쓰도록 처방한다. 여기에는 두 가지 이유가 있었다. 첫 번째는 이단들로 인한 영적 갈등을 이겨나가는 길이 성찬의 참된 의미 가운데 있었기 때문이다. 성찬은 그리스도와 우리가 참된 일치와 연합을 이루는 길이었다. 성찬은 교회가 일치와 연합을 이루어 이단이 뿌려놓은 거짓된 교리로부터 오는 갈등을 이겨나갈 수 있는 길을 제시하고 있었다. 이그나티우스는 성찬을 위해 자주 모이기를 힘쓰는 것을 가리켜 "사탄의 권력을 전복시키는" 길이라는 의미를 부여하고 있다.

　　두 번째는 만장 일치된 믿음을 견인하는 교리적 터를 형성하는 길이었다. 이그나티우스는 성찬을 일치된 교리를 세워나가는 중요한 모티브로 보고 있었다. 「빌라델피아 인들에게」 제4장 1절에서 '하나만의 성찬식'을 준수하도록 교회를 향해 처방한다. 그리고 「서머나 인들에게」 제7장과 제8장에서는 성찬을 분파주의 이단들로부터 교회가 일치를 이루는, 즉 '보편교회'로 이끌어가는 조건으로 제시한다. 영지주의를 앞세운 이단이 교회를 분열시키는 분파를 형성하고 있다면, 성찬은 그리스도를 중심으로 일치와 연합을 이루게 한다.

　　그들은 성찬식이 우리의 죄를 위해 고난당하고, 아버지께서

[죽은 자 가운데서] 살리신 우리 구주 예수 그리스도의 몸임을 인정하지 않기 때문에 성찬식과 기도의 예식을 멀리합니다. ... 해악의 근원인 분파로부터 벗어나야 합니다. ... 감독이나 감독이 권위를 부여한 자가 집행하는 성찬식을 정당한 것으로 간주해야 합니다. 예수 그리스도가 계신 곳에 '보편교회(the Catholic Church)'가 있듯이 감독이 있는 곳에 회중이 모이게 해야 합니다. 감독이 없는 곳에는 세례나 애찬이 허락되지 않습니다.(*Smy* 7:1-8:2)[69]

「마그네시아 인들에게」 보낸 서신의 제7장 1절과 2절은 하나를 이룰 것을 강조한다. '하나의 기도', '하나의 청원', '하나의 마음', '하나의 소망', '하나의 성전', '하나의 제단'을 이루는 것은 지식으로 되는 것이 아니었다. 이런 측면에서 성찬은 그리스도 안에서 '하나'를 이루게 하면서 동시에 교리적, 환경적 갈등으로부터 야기되는 요소들을 제거하는 원동력이 되었다. 이그나티우스가 하나의 감독론을 제시할 때도 하나를 이루는 감독의 주요한 기능 가운데 하나가 성찬의 집행이었다.[70]

교회 내에 분파적 갈등을 일으켰던 영지주의 세력은 교회의 일치를 자신들 안에서 찾도록 한다. 나그 함마디 제11권에 기록된 「지식의 해석」에 따르면 세상은 '불신앙의 장소'며 동시에 '죽음의 장소'다.[71] 따라서 세상 가운데 세워진 교회는 진정한 교회가 될 수 없다는 것이 그들의 논리다. 영지주의자들은 자신들로 말미암아 교회가 본연의 모습을 발할 수 있다는 것을 주장한다. 그들은 교회를 그리스도의 '신비의

체(體)'로 여기고 있었으며, 이것을 자신들에게 적용시켰다. 그리스도가 빛을 발하여 교회를 볼 수 있게 하신 것처럼 자신들을 통해 진정한 구원의 교회를 비춰낼 수 있다는 논리다.[72]

성찬을 통한 이그나티우스의 구원과 부활의 교리에 이어 일치와 연합은 교회의 참된 가치관의 회복과 함께 교회의 존속을 담아내고 있었다. 예를 들면 그리스도의 몸과 피 그리고 그리스도의 수난과 육체와 영적 부활이 살아 움직이는 것이 성찬이었다. 여기에 덧붙여 하나님과 연합 그리고 교회의 일치된 교리적 연합이 성찬과 함께하고 있었다. 그는 가현설을 주장하는 영지주의자들에 대해 많은 부분을 할애했던 「서머나 인들에게」 보낸 서신의 제12장에서 다음과 같이 말문을 이어가며 서신을 마무리하게 된다.

> 여러분의 감독(그는 하나님께 자랑거리입니다)과 훌륭한 장로회 그리고 나의 동료 집사들, 그리고 여러분 모두에게 예수 그리스도의 이름으로 그분의 몸과 피로, 그분의 수난과 육체적 그리고 영적 부활, 그리고 하나님과의 연합과 여러분의 연합 안에서 인사합니다. ... 나는 하나님의 다스림 아래 여러분에게 작별을 고합니다. 나와 함께 있는 필로가 여러분에게 인사를 전합니다.(*Smy* 12:2-13:1)[73]

3. 갈등하는 영혼 앞에 성찬론이 제시하는 세 가지 교훈

(1) 참된 성육신을 통한 예언의 성취

영지에 따른 구원론을 펼쳤던 영지주의는 자신들의 교리가 주는 한계로 인해 스스로 자유롭지 못하게 된다. 구원받을 자는 영지적 상태에서 태어난다는 자신들의 선택적 교리는 2세기와 3세기에 왕성했던 세력을 점점 쇠퇴하게 만든다. 영지적 상태로 태어날 자는 이미 정해져 있다는 그들의 주장은 대중성을 갖지 못한다. 이 한계는 결국 영지주의가 더 이상 확장하지 못하게 되는 근본적 이유가 된다. 그 이전, 이그나티우스를 비롯한 교부들의 영지주의에 대한 교리적 반박은 영지주의의 민낯을 드러나게 만든다.

이그나티우스 이후 이레나이우스는 영지주의에 대한 논박을 목회 측면에서 조직신학적으로 그 내용을 다루며 교회로 하여금 교리적 갈등으로부터 벗어나게 한다.[74] 이후 영지주의자들은 교회 내에서 점점 설 자리를 잃어가며, 교회에서 그 명칭이 사라지기 시작한다. 그러나 바빙크(Herman Bavinck, 1854-1921)도 지적하였듯이 영지주의는 4세기 아리우스주의(Arianism)에 대해 지속적으로 영향을 끼친다. 그 명칭만 사라졌을 뿐, 시대 앞에 다양한 모습을 통해 영적으로, 교리적으로 접근하며 갈등의 요소를 만들어낸다.[75]

이제 이 영지주의적 요소가 고대 교부들, 특히 아타나시우스와 아우구스티누스에 의해 신학적으로 거부되었지만 그 요소는 신학에서 계속해서 등장합니다. 이 사상의 근원은 이원론적으로, 정신과 물질 그리고 하나님과 세상 사이에 다소 첨예하게 대립하고 있었습니다. 하나님은 볼 수 없고, 접근할 수 없으며, 감추어져 있습니다. 그럼에도 불구하고 세상은 신의 존재를 반대하고, '신의 존재를 부정'하며, "신이 아니다"라며 신이 아닌, 하나님 없는 비신성을 말합니다. 이러한 근본적 대립을 조화시키기 위해 중간적 존재가 필요한데, 그 존재가 로고스였습니다.[76]

... 유대주의적 사상과 영지주의적 사상은 중세에 전파되었고, 16세기에도 그 영향을 미쳤습니다.[77]

초대교회, 주로 지식층을 중심으로 세력을 형성했던 영지주의는 엘리트 의식 가운데 놓여 있었다. 자신들은 '영적인 자'로서 이성과 육체의 능력을 넘어선 특별한 재능의 소유자로 여기고 있었다.[78] 이런 영지주의 사상이 이 시대 앞에 또 다른 사색과 갈등을 만들어내며 접근하고 있다. 1945년 나그 함마디의 한 동굴에서 발견된 영지주의의 교리와 사상전집은 문화적 차원에서 그리고 사람들의 또 다른 관심적 접근에 의해 「다빈치 코드」와 같이 성경을 왜곡하는 자료로 활용된다. 뿐만 아니라 거짓된 교리로 성경적 교리를 반박하는데 활용이 되기도 한다.[79] 영지주의는 하나님을 말하고, 그리스도를 말하면서 인간 스스로를 돌아보게 한다. 그들은 절대주권자 되시는 하나님의 계시를 바라보기보다 인간 스스로의 깨달음과 인식의 요소를 돌아보게 한다. 그리하여 인간을 향한 하나님의 창조목적을 흩어놓고 있다.

성찬이 의미하는 바를 바르게 알리는 것은 매우 중요하다. 이그나티우스가 성찬을 통해 성육신을 특별히 부각시키고 있는 것은 성육신이 거부되는 구원론은 가증스러운 교리에 불과하기 때문이다. 이그나티우스는 성찬 교리를 펼치면서 강조하는 것이 있다. 그 가운데 하나가 영지주의자들의 가현설을 반박하는 '성육신'의 실체다.[80] 그는 「서머나 인들에게」 제7장 1절에서 그리스도의 참된 성육신을 거부하는 자는 성찬으로부터 멀어질 뿐만 아니라 "죽음에 직면하게 될 것"이라는 심판에 따른 교리적 입장을 취한다.[81]

이그나티우스의 성찬론에서 나타나는 성육신은 그리스도의 인성을 통해 영지주의자들의 가현설을 반박하는 것에 멈추지 않는다. 그의 성찬론은 우리를 구원의 길로 인도하는 하나님의 예언의 성취를 함께 다루고 있다.[82] 「서머나 인들에게」 제3장과 제7장 1절, 그리고 「빌라델피아 인들에게」 제8장 2절에서 십자가와 죽음, 부활을 다룬다. 그리고 성찬에서 이것이 우리와 연결된다는 사실을 증거한다. 이그나티우스는 「에베소 인들에게」 제1장 1절과 제18장 1절에서 우리의 대속을 이룬 십자가를 증거한다. 여기서 그는 그리스도의 '피'와 '몸'의 실제적 성육신, 그리고 고난이 실제적이었음을 처음 신학적으로 주장한다.[83] 그리고 이것이 하나님의 언약의 성취를 이루기 위한 것이었음을 제18

장 이하에서 밝히고 있다.

이그나티우스는 언약의 완성을 성찬과 관련시킨다.[84] 이를 통해 부활하신 그리스도가 이루신 완전한 죄사함의 자리로 우리를 인도하고 있다. 그는 「트랄레스 인들에게」 보낸 서신의 제2장 1절에서 그리스도인의 길을 제시한다. 그 길은 인간의 방식에서 나오는 것이 아니었다. 우리를 위해 죽으신 예수 그리스도의 죽음을 믿고, 그분의 방식을 따르는 것에 있다.[85] 이그나티우스는 성찬을 통해 요한계시록 20장 15절의 '생명책'에 기록되는 하나님의 예언의 성취를 바라보게 한다. 그리고 본질을 바르게 세워 교리적 갈등의 근본을 해결하는 길로 우리를 이끌어가고 있다.

(2) 영생에 대한 바른 확신

교회사와 함께 교부학자로 활동하고 있는 H. R. 드롭너(H. R. Drobner, 1955-현재)는 이그나티우스의 신변에 대해 두 가지를 말한다. 첫 번째로, 비잔틴의 '성인전(聖人傳)'에 의하면 이그나티우스는 마태복음 18장 2절에 등장하는 '천국에 관한 비유'와 관련된 '한 아이'였다고 추측한다. 그러나 연대기를 비교해서 볼 때 이것은 명확하지 않다. 이그나티우스가 태어났을 때가 A.D. 35년이었다면 예수님의 마지막 지상 사역이었던 십자가 사건은 A.D. 30~33년으로 추측된다. 두 번째로, 히에로니무스(Hieronymus, 347-420)에 의하면 이그나티우스는 요

한의 제자였다.[86]

요한뿐만 아니라 베드로와 바울로부터 가르침을 받았으며, 그들의 가르침을 따르고 있었던 이그나티우스에게 십자가는 단순한 사건적 전개가 아니었다.[87] 십자가는 죄사함에 따른 예언의 성취였으며, 성찬은 이것을 증명하는 자리였다.[88] 요한복음 6장 54절은 예수님께서 하신 말씀을 이렇게 기록하고 있다. "내 살을 먹고 내 피를 마시는 자는 영생을 가졌고 마지막 날에 내가 그를 다시 살리니" 십자가에서 이루신 대속이 곧 우리에게 영생으로 효력이 발생한다는 것을 말씀한다. 그러나 이런 성찬에 대한 의미를 유대적 관점에서 바라보면 이것은 율법을 범하는 죄가 된다.[89]

레위기 17장 10~12절과 19장 26절은 "무엇이든지 피째 먹는 것"을 금하고 있다. 피는 두 가지의 의미를 가지고 있다. (1)피는 생명의 근원에 대한 의미를 가지고 있다(창 9:4. 레 17:11 참조). (2)피는 죄를 속하는 의미를 가지고 있다(레 17:11 참조). 이런 피를 마시는 것을 성경은 금하고 있다. 유대적 관점을 함께 혼합하고 있었던 영지주의자들은 성경적 근거로 떡(살)과 잔(피)을 나누는 성찬을 거부한다. 그들은 예수님의 '참된 인성'을 거부하면서 '피'를 먹어서는 안 된다는 유대적 관점에서 교회가 실행하고 있는 성만찬을 공격하였다. 그러나 예수님께서 성만찬에서 먹고, 마시도록 허락한 '살'과 '피'는 실질적인 '살'과 '피'가 아니라 언약의 성취에 따른 의미를 가지고 있었다.

그리고 성만찬의 '살'과 '피'는 대속만을 의미하는 것이 아니었다.

죽었다가 살아난 부활을 함께 나타내고 있었다. 따라서 성만찬의 '살'과 '피'는 일시적인 대속이 아니었다. 완전한 대속을 이룬 언약의 성취 안으로 들어가는 것을 의미하고 있었다(마 26:28 참조). 이그나티우스는「에베소 인들에게」제18장 1절과 제19장 3절,「트랄레스 인들에게」제2장 2절을 통해 십자가에서 이루신 예수님의 죽음이 구원과 영생을 가져오게 되었다는 것을 말한다.[90]「폴리갑에게」보낸 서신의 제2장 3절에서는 그리스도가 십자가에서 이루신 공로로 말미암아 우리는 이미 '불멸'과 '영생'에 이르게 된 자라며 로마의 압제로부터 오는 두려움의 영적 갈등으로부터 해방되도록 격려하고 있다. 그는 그리스도께서 이루신 십자가의 성취를 성찬을 통해 그 효능을 재확인한다. 그리고 영생에 대한 바른 교리로 영지주의자들이 주장하는 영적 갈등을 이겨내고 사도들로부터 전해오는 신앙에 대한 확신을 가지도록 한다.[91]

특히 이그나티우스가 말하는 영생은 '영·육간의 부활상태'의 영생이었다. 그러나 육체를 영혼의 감옥으로 삼고 있었던 영지주의자들은 영생을 인간의 육체로부터 '영'이 벗어난 상태로 설명하고 있다. 그들의 구원은 '정화된 영'의 충만함으로 이뤄진다.[92] 따라서 충만한 인식에 이르지 못한 '영'은 그 육체가 죽었을 때 다른 육체 속으로 윤회하게 된다. 그래서 또 다시 '영'의 충만함을 이뤄내기를 기다리게 된다는 것이 이들의 주장이다. 영지주의자들은 '영생'을 두 가지 측면에서 해석하고 있다. 첫 번째는'영'의 충만함으로 영생은 이뤄진다고 믿고 있었다. 두 번째는 육체의 감옥을 다스리고 있는 아르콘이 발명한 시간

으로부터 벗어나는 것을 영생으로 여기고 있었다.[93]

「빌라델피아 인들에게」 보낸 서신의 제5장 1절에도 등장하고 있듯이 이그나티우스는 '복음서'와 '사도서'의 영향 아래에 있었다.[94] 이런 이그나티우스의 성찬 신학은 요한복음 6장 26절부터 59절에서 말하고 있는 '믿음'과 '대속' 그리고 '의의 전가'로 이뤄지는 '영생'과 무관하지 않다. 영지주의자들은 영생의 개념을 '영의 충만한 상태'에서 아르콘이 다스리는 육신과 시간으로부터의 탈출이었다. 그러나 사도들의 직접적인 영향 아래에 있었던 이그나티우스는 성찬을 통해 영생을 설명할 때, 요한복음 6장에서 강조하고 있는 영·육간의 부활과 영생을 피력한다. 육체를 등한시하는 그릇된 영지주의의 교리는 육신의 또 다른 타락을 방관하게 만든다. 그러나 이그나티우스의 성찬론은 육체와 영혼을 통해 회복된 '하나님의 형상'을 바라보게 하는 영적인 신앙의 자세와 신학적 교리를 세운다.[95] 이런 모습은 사도들의 가르침을 따랐던 교부들의 통상적인 모습이었다.

'황금의 입'으로 불렸던 요한 크리소스톰(John Chrysostom, 349-407)은 성찬을 통해 그리스도의 사역을 다룬다. 여기서 그는 제사장 직분을 강조하면서 그리스도가 이룬 '하나님 형상'의 회복을 신앙과 신학적 면에서 동시에 논한다.[96] 이그나티우스는 성찬을 통해 요한복음이 증거하고 있는 6장 54절의 "내 살을 먹고 내 피를 마시는 자는 영생을 가졌고 마지막 날에 내가 그를 다시 살리리니"라는 '영·육간의 회복'에 따른 '하나님 형상'의 회복을 말하고 있다. 그리고 이를 통해 영생의 진정한 가치관으로 영지주의가 주장하고 있는 '영'에 대한 거짓된 주장으로부터 오는 갈등을 해소(解消)하고 있다.

(3) 그리스도인의 참된 제자도 수립

로마정부로부터 가해져 오는 위협은 영적, 육적 갈등을 유발시켰다. 순교를 앞두고 로마로 압송당하는 이그나티우스에게 다가오는 것은 두려움과 갈등이었다.[97] 여기에 더하여 영지주의자들의 거짓된 가르침으로 일어나는 교회의 분열은 이그나티우스의 뼛속까지 갈등하게 만든다. 영지에 따른 구원론을 펼쳐나갔던 영지주의자들에 따르면 순교는 어리석은 자의 길을 도모하는 것이었다. 그러나 이그나티우스에게 있어서 순교는 참된 그리스도인의 길을 걷는 것이며, 그리스도를 닮아가는 참된 제자도(弟子道, Discipleship)였다.[98]

이그나티우스에게 있어서 순교는 단순한 죽음의 길이 아니었다. 순교는 그리스도와 일치와 연합을 이루는 길이었다. 그리고 부활과 영생으로 인도받는 길이었다. 「로마인들에게」 보낸 서신의 제4장 1절에 따르면 자신은 야수들의 먹이가 되어 뼈 한 조각도 남기지 않고 먹이가 되길 원한다. "나는 하나님의 밀이니 야수들의 이빨에 갈려져 그리스도를 위한 순수한 떡 덩어리가 될 것입니다."[99] 여기서 부각되고 있는 것은 '야수의 먹이'로 주어지는 것이 아니다. '그리스도를 위한 떡 덩어리'다. '떡 덩어리'는 십자가로 이룬 부활에 참여하는 것을 말한다.

그는 순교를 성찬과 연결하여 신앙과 신학으로 이어간다.

　이그나티우스의 신학에서 빼놓을 수 없는 것 가운데 하나는 순교신학이다. 순교는 그가 주장하고 있는 '참된 제자도'와 긴밀하게 연결되고 있다. 그리고 그가 중요하게 여기고 있는 순교는 영적으로 성찬의 특징을 가진다.[100] 순교가 중심에 서서 한쪽에서는 '참된 제자도'를 설명하고 있고, 또 다른 한쪽에서는 '성찬'을 설명하고 있다. 이런 순교와 '참된 제자도'그리고 '성찬'은 가현설을 주장하는 영지주의와 갈등을 만들어내는 것이 아니었다. 바른길을 제시하는 영적 구별점이었다.[101] 「에베소 인들에게」 제1장 2절에 따르면 순교는 '참된 제자'가 되는 적극적 길이 된다. 그리고 성찬은 '참된 제자도'를 알아가게 한다. 이그나티우스는 성찬을 통해 그리스도의 고난을 영적으로 바라보면서 그리스도를 닮은 길을 걷는 '참된 제자도'를 보게 한다. 그는 성찬을 통해 제자도의 신앙으로 영적 갈등 가운데 놓여진 교회를 하나로 묶어간다.[102]

　성찬은 신성과 인성으로 '한 인격'을 이루며 성육신하신 그리스도를 근거로 하고 있다.[103] '참된 제자도'는 인지적 능력으로 이루어지는 것이 아니다. 신앙으로 만들어진다. 「에베소 인들에게」 제13장 1절과 「서머나 인들에게」 제8장 2절에 의하면 성찬은 신자로 하여금 신앙으로 교회 가운데 하나로 모이게 하는 중요한 요소가 된다. 마태복음 16장 24절은 '참된 제자도'가 어떤 신앙으로 세워져야 하는지 말씀을 준다. "누구든지 나를 따라오려거든 자기를 부인하고 자기 십자가를 지고 나를 따를 것이니라." 사도들의 가르침에 주목했던 이그나티우스는 성찬을 강조하면서 이 점에 주목하고 있었다. 그는 십자가를 지고 순교의 길을 걷는 것을 '참된 제자도'로 여기고 있었으며, 이것을 성찬을 통해 피력하고 있었다.

갈등하는 영혼으로 하여금 본질을 돌아보게 하는 성찬론

이그나티우스는 로마정부로부터 가해져 오는 핍박 가운데서도 신앙의 절개를 지켜나가는 것을 생명보다 더 중요하게 여겼다. 이런 그의 신앙과 신학은 사도들의 가르침을 바탕으로 하고 있었다. 순교를 앞두고 있는 로마의 압송 과정에서 이그나티우스는 일곱 편의 서신을 기록한다. 그 서신을 통해 우리는 그의 신앙과 그가 가지고 있는 신학적 교리의 토대를 읽어볼 수 있다. 속사도 교부였던 안디옥의 이그나티우스에 대해 교부학자들과 교회사학자들은 교회의 일치와 연합을 강조했던 교부로 이해하는 경향들이 깊다. 신앙과 신학적인 개념에서 다루기보다 제도(制度)와 조직적 측면에서 그를 다룬다. 그러나 「에베소인 들에게」에서부터 「폴리갑에게」 보낸 그의 일곱 서신은 갈등 가운데 놓여 있는 교리에 대해 답을 주면서 신앙과 신학을 견인해내고 있다는 점을 주목해야 한다.

이그나티우스의 일곱 편의 서신에서 가장 많은 비중을 차지하고 있는 내용은 영지주의와 관련된 교리에 따른 영적 갈등과 거기에 대한 답이다. 당시 영지주의자들의 기독론과 구원론은 가현설을 중심에 두고 있었다. 여기에 대해 교리적 중심이 확고하지 못했던 초기의 교회들은 갈등에 휩쓸릴 수밖에 없었다. 로마로 압송당하고 있었던 이그나티우스는 이 사실을 알고 있었다. 그리고 일곱 편의 서신을 기록한다. 이 서신들은 마치 자신의 목소리를 담는 유언장과 같았다. 그는 자신의 마지막 사역을 서신을 통해 펼쳐간다. 사도들의 가르침을 바탕으로 한 교리의 제시는 신앙과 함께 접목을 이룬다. 예수 그리스도의 성육신에 따른 신성과 인성의 교리가 제시된다. 그리고 그리스도와 십자가를 증거한다. 십자가의 대속은 가현이 아니라 사실이란 것을 증거한다. 그는 이런 사실을 성찬론과 연결하여 부활과 구원에 따른 영생 교리를 제시한다.

초대교회 이후 속사도 교부들이 사역하던 시대에 일어났던 영지주의자들과의 갈등은 교회를 심각하게 위협한다. 이런 상황에서 이그나티우스가 성찬론을 논쟁의 중심에 들고나온 것은 매우 의도적인 발상에 따른 것이었다. 먼저 상황 면에서 그는 로마로 압송당하고 있었다. 그 과정은 자신 또한 갈등의 연속이었다. 「로마인들에게」 보낸 서신의 기록에 따르면 자신은 '열 마리의 표범들 사슬'에 매여가고 있었다.[104] 상황으로 볼 때 서신을 기록할 시간적 여유를 가질 수 없었다는 것을 짐작할 수 있다. 그의 서신들의 내용이 짧은 것은 자신의 압송에 따른 상황의 긴박함도 함께 설명되고 있다.

짧은 시간에 영지주의자들의 주장에 대해 전체적으로 변증할 수 있는 가장 좋은 소재(素材)가 성찬이었다. 여기에 더하여 이그나티우스는 성찬론의 전개를 통해 의도한 것이 있었다. (1) 성찬론은 당시 에비온주의자들과 함께 영지주의자들을 확연하게 구별해내는 구별점이었다. 성찬론의 '몸'과 '피'는 이들이 거부하고 있는 그리스도의 '참된 신성'과 '참된 인성'을 전제로 하고 있었다. (2) 「트랄레스 인들에게」 보낸 서신의 제7장에 의하면 사도들의 가르침을 따르고 있는 성찬론은 대속에 따른 '그리스도론'과 '구원론'에 대한 이단들과 구별점이기도 했다.[105]

이그나티우스는 성찬론을 통해 갈등에 빠진 교회로 하여금 구별점을 갖도록 한다. 그는 영지주의자들의 거짓된 주장으로 갈등하고 있는 교회로 하여금 성찬론의 처방을 통해 사도적 가르침으로 일치점을 이루게 한다. 그리고 부활의 참된 의미를 가지고 예수 그리스도의 십자가에 따른 구원의 확신에 대해 영적으로 흔들리지 않도록 한다.

이그나티우스는 성찬론을 펼치면서 그리스도의 '참된 신성'과 '참된 인성'으로 가현설을 반박한다. 그리고 십자가를 통한 대속과 함께 구원에 따른 '택한 자의 교리'를 증거하며, 영지주의자들의 거짓된 교리를 밝혀낸다. 이런 그의 성찬론은 '참된 성육신'과 '예언의 성취' 그리고 '영생에 대한 확신'과 그리스도인이 가져야 할 '참된 제자관'을 제시한다. 아울러 그가 제시하고 있는 성찬론은 우리로 하여금 신앙과 신학에 대해 세 가지 측면을 돌아보게 한다.

(1) 우리의 신앙과 신학은 지식과 논리로부터 일어나는 것이 아니라 '하나님을 향한 바른 믿음'으로부터 일어나야 한다는 것을 깨닫게 한다. 영적 질서를 바르게 세운다. 하나님을 향한 근본으로부터 벗어난 지식의 신앙과 신학을 따라가서는 안 된다는 사실을 다시 한번 더 돌아보게 한다. 우리의 영적인 갈등은 하나님의 근본을 벗어난 지식 우선주의로부터 시작된다.

(2) 우리의 신앙과 신학은 '예수 그리스도와 관련된 진리에 근거'해야 한다는 것을 가르쳐주고 있다. 이 시대 앞에 성찬은 어떤 의미를 가지고 있는지 되물어보고 있다. 성찬의 참된 의미를 통해 신앙의 바른 길을 영적으로, 교리적으로 함께 제시할 수 있어야 한다.

(3) 우리의 부활과 영생의 신앙과 신학은 '언약의 확신'으로 이루어져야 한다는 것을 일깨워주고 있다. 영지주의자들이 조장하고 있는 갈등에 대해 이그나티우스는 성찬론에 관한 것으로 '진검'을 든다. 그리스도의 '몸'과 '피'는 언약의 성취였다. 성찬은 이것을 증거한다. 그리고 성찬은 언약의 완성에 대한 확신을 가지게 한다. 그의 성찬론은 신자들로 하여금, 교회로 하여금 그리스도 안에서 진정 하나를 이루는 영적, 교리적 측면에서 일치와 연합을 제공하고 있다.

이그나티우스의 성찬론은 본질을 바르게 세워 교회를 지켜내는 신앙이었고, 신학이었다. 그는 시대의 영웅이 되는 길을 원하지 않았다. 오히려 십자가와 함께 죽음의 길을 걸어가길 원했다. 그 길은 감성적이거나, 신비적 경향을 좇는 길이 아니었다. '진리를 따르는 증인의 길'

이었다. 그 속에 신앙이 있었고, 신학이 있었다. 그는 십자가의 완성을 이루고 있는 성찬을 통해 영혼과 교회의 본질을 바르게 세우고, 지켜 내면서 동시에 내면적, 외면적 갈등 가운데 놓인 이들을 치유한다. 이 단들의 거짓된 교리 앞에 갈등하는 '흔들림의 뿌리'를 근원적으로 뽑아낸다. 이런 이그나티우스를 돌아보면서 끝으로, 그가 마그네시아 인들에게 보낸 서신의 일부분에 인용한 시편 33편 9절의 말씀을 12절까지 연결해본다.

> 그가 말씀하시매 이루어졌으며 명령하시매 견고히 섰도다. 여호와께서 나라들의 계획을 폐하시며 민족들의 사상을 무효하게 하시도다. 여호와의 계획은 영원히 서고 그의 생각은 대대에 이르리로다. 여호와를 자기 하나님으로 삼은 나라 곧 하나님의 기업으로 선택된 백성은 복이 있도다.(시 33:9~12)

1. 영혼을 갈등 속에 빠뜨리는 영주의자들의 거짓된 구원론은 어떤 특징을 가지고 있을까요?

2. 영혼을 갈등하게 만드는 영지주의자들의 거짓된 주장에 대해 이그나티우스는 성찬론으로 이것을 반박하며, 변증하고 있습니다. 성찬은 어떤 의미를 가지고 있기에 이그나티우스는 성찬론으로 영지주의자들의 거짓된 주장 앞에 맞섰을까요? 성찬론이 가지고 있는 네 가지의 특징과 함께 이를 통한 이그나티우스의 변증에 대해 말해봅시다.

3. 영지주의 이단들로 인한 영적 갈등에 대해 이그나티우스는 성찬을 통해 영혼들을 치유합니다. 그는 성찬을 통해 어떤 처방전을 제시하며 갈등하는 영혼들을 치유했는지 그가 제시한 세 가지의 처방에 대해 말해봅시다.

4. 영지주의자들의 거짓된 주장으로 갈등에 빠진 영혼들에게 영지주의자들의 거짓된 민낯을 성찬론을 통해 드러내 보입니다. 그리고 성찬이 제시하는 교훈을 통해 영혼들로 하여금 소망과 희망을 바라보게 합니다. 성찬을 통해 이그나티우스가 교훈하고 있는 세 가지에 대해 말해봅시다.

5. 로마정부와 유대교 그리고 영지주의자들로 인해 일어나고 있는 내, 외적 갈등에 대해 본질을 돌아보게 하는 이그나티우스의 성찬론은 우리로 하여금 신앙과 신학에 있어서 세 가지 측면을 돌아보게 합니다. 어떤 것들을 돌아보게 하는지 말해봅시다.

〈부록1〉요한 크리소스톰의 연대표

이 연대표는 다음의 자료들을 바탕으로 작성하였다.
Kelly, *Golden Mouth;* 브랜들레, 『요한 크리소스토무스』;
배정훈, "세상 속에서 수도적 삶," 35-40.
연대표에서 "-"를 표시한 이후에 숫자는 작품의 완성 연도이다.

349	안디옥에서 출생.
349-367	안디옥에서 유년기와 학업기.
367	수사학자 리바니우스 문하를 떠남.
	-372 디오도르의 수도학교(*asketerion*) 다님.
368	부활절에 세례 받음(멜레티우스에 의해).
	-371 안디옥의 감독 멜레티우스의 목회 보좌.
	-371/372 『왕과 수도사 비교』, 『디오도르에게 보낸 편지』.

371	독서자(*lector*)로 임명.
371 혹은 372	강제로 사제에 임명될 뻔 했지만 도망감.
372	-376 실피우스 산(Mt. Sipius)에서 공동수도생활.
	-378 동굴에서 독수도생활.
378	건강악화로 다시 안디옥으로 돌아옴.
	-381 멜레티우스의 독서자.
	-386 『성 바빌라스에 대하여』, 『그리스도의 신성에 대하여』, 『참회에 대하여』, 『스타게리오스에게 보낸 편지』, 『독신에 대하여』, 『젊은 과부에게 보낸 편지』, 『영적 결혼에 관하여』, 『수도주의 반대자 반박』, 『헛된 영광과 자녀교육에 대하여』.
381	-386 집사(부제)임명(플라비안에 의해), 교회의 구제사업 담당.
386	사제로 임명.
	-387 『창세기 설교』, 『마니교 반박』, 『하나님의 불가해성에 대하여』, 『유대주의자들에 대한 반대』.
387	안디옥 기둥폭동 발생, 『기둥설교』.
	-397 안디옥 사역, 『성직론』, 『마태복음 설교』, 『요한복음 설교』, 『로마서 설교』, 『고린도전후서 설교』, 『갈라디아서 설교』, 『에베소서 설교』, 『빌립보서 설교』, 『골로새서 설교』, 『디모데전후서 설교』, 『데살로니가전후서 설교』, 『디도서 설교』, 『빌레몬서 설교』, 『부자와 나사로 설교』.
397	콘스탄티노플 총대주교가 됨.

	-403 콘스탄티노플에서 사역, 개혁시도.
	-402 『왕에 대하여』, 『하나님의 섭리에 관하여』, 『사도행전 설교』.
403	떡갈나무 공의회, 요한의 파직과 첫 번째 유배.
404	두 번째 유배.
	-407 쿠쿠수스에서 유배, 240여 통의 편지, 『올림피아스에게 보낸 편지』, 『아무도 자기 자신 이외에는 자신에게 해를 끼칠 수 없다』.
407	9월 14일, 변경된 귀향지 피티우스로 이동 중 폰투스 지방의 코마나에서 사망.
412	이노센트 교황이 요한의 명예를 복권시킴.
438. 1. 27	1월 27일, 요한의 시신이 콘스탄티노플 사도교회에 안장.
1568	아타나시우스, 대 바질, 나지안주스의 그레고리와 함께 동방의 4대 교부로 추대됨.

﹤부록2﹥ 참고문헌

드영, 레베카 | 『허영』. 김요한 역. (서울: 두란노, 2015).

라은성 | "파코미안 수도원운동에 끼친 영지주의." 「성경과 신학」 38 (2005): 76-115.

문병호. 『기독론』. (서울: 생명의말씀사, 2016).

배성진 | "아우구스티누스의 '시간론'에서 주관주의의 문제: 『고백록』 제XI 권에 나타난 시간 존재의 아포리아를 중심으로." 「중세철학」 26 (2020): 5-58.

배정훈 | "Status Quaestionis: 요한 크리소스톰 가난 연구의 과거, 현재, 미래." 「역사신학논총」 36 (2020), 47-85.

배정훈 | "Status Quaestionis: 요한 크리소스톰과 철학-의학적 치료." 「갱신과 부흥」 26 (2020), 43-81.

배정훈 | "세상 속에서 수도적 삶: 마태복음 7장 13-14절에 대한 요한 크리소 스톰의 해석." 「갱신과 부흥」 26 (2019), 32-70.

배정훈 | "구제와 영혼의 치유에 대한 존 크리소스톰의 사상 연구: 그의 마태

복음 설교를 중심으로."「성경과 신학」 88 (2018), 121-49.

배정훈 | "희망과 두려움의 수사학: 존 크리소스톰의 구제 담론에서 보상과 심판의 영혼치유적 역할."「장신논단」 50 (2018), 67-94.

브라운, 피터 | 『고대 후기 로마제국의 가난과 리더십』. 서원모 · 이은혜 역. (파주: 태학사, 2012).

브라운, 피터 | 『아우구스티누스』. 정기문 역. (서울: 새물결, 2012).

브랜들레, 루돌프 | 『요한 크리소스토무스: 고대 교회 한 개혁가의 초상』. 이종한 역. (서울: 분도, 2016).

신원하 | 『죽음에 이르는 7가지 죄』. 확대개정판. (서울: IVP, 2020).

아리스토텔레스 | 『니코마코스 윤리학』. 천병희 역. (고양: 숲, 2013).

아우구스티누스 | 『고백록』. 성염 역. (파주: 경세원, 2016).

아우구스티누스 | 『독백』. 성염 역주. (서울: 분도출판사, 2018).

아우구스티누스 | 『신국론』. 전3권. 성염 역. (왜관: 분도출판사, 2004).

아우구스티누스 | 『영혼 불멸』. 성염 역주. (서울: 분도출판사, 2018).

아우구스티누스 | 『영혼의 위대함』. 성염 역주. (서울: 분도출판사, 2019).

오미라, 도미니크 | 『플로티노스: 엔네아데스 입문』. 안수철 역. (서울: 탐구사, 2009).

우병훈 | "유신진화론의 아담론 비판: 데니스 알렉산더의 견해를 중심으로."「성경과 신학」 92 (2019): 151-186.

우병훈 | "참된 교회의 감춰져 있음―루터 교회론의 한 측면."「한국개혁신학」 55 (2017): 69-110.

우병훈 | 『기독교 윤리학』. (서울: 복있는사람, 2019).

우병훈 | "아우구스티누스의 성경주석법과 설교론."「고신신학」 21 (2019): 173-223.

유경동 | "영혼론과 기독교윤리 어거스틴, 아퀴나스, 루터의 영혼론에 대한 소고."「기독교사회윤리」 35 (2016): 273-305.

이은혜 | "요한 크리소스토모스의 설교에 나타난 수도주의와 "가난한 자를 사

랑한자"(Lover of the Poor)의 관계성에 대한 이해." 「한국교회사학
　　회지」 26 (2010), 201-31.

전헌상 | "아리스토텔레스의 아크라시아론." 「철학사상」 30 (2008): 37-67.

조병하 | "초대교회(1-2세기) 이단 형성(의 역사)과 정통 확립에 대한 연구:
　　영지주의를 중심으로." 「성경과 신학」 72 (2014): 291-323.

조병하 | "초대교회 교회직제 발전에 대한 연구: 사도적 교부, 사도전승, 디
　　다스칼리아를 중심으로(첫 3세기)." 「한국개혁신학」 31 (2011):
　　190~217.

조윤호 | 『그리스도의 세 가지 직분-둘째 아담 그리고 창조회복』. (서
　　울: (사)기독교문서선교회, 2021).

조윤호 | "갈등을 신앙으로 승화시킨 이그나티우스의 신학과 사상연구: 이
　　그나티우스의 일곱 서신을 중심으로." 「한국개혁신학」 68 (2020):
　　218-268.

조윤호 | "요한 크리소스톰의 사상에 나타나는 창조 회복에 따른 그리스도
　　의 직분론 이해." 「개혁논총」 49 (2019): 153-195.

조윤호 | "아담의 세 가지 직분과 창조론과의 관계." 「갱신과 부흥」 24 (2019):
　　217-250.

조윤호 | "요한복음 19장 30절의 '다 이루었다'가 의미하는 것." 「갱신과
　　부흥」 20 (2017): 198-235.

주종훈 | "어거스틴, 크리소스톰, 그레고리 대제의 목회적 저술에 담긴 말씀
　　사역." 「개혁논총」 41 (2017): 71-100.

정교회 교부들 | 『부와 가난』. 박노양 역. (서울: 정교회출판사, 2018).

정일권 | "종교다원주의 신학을 넘어서: 기독교와 불교 대화신학에 대한 비판
　　적 연구." 「한국개혁신학」 37 (2013): 117-151.

지프, 조슈아 W | 『환대와 구원: 혐오. 배제. 탐욕. 공포를 넘어 사랑의 종교로
　　나아가기』. 송일 역. (서울: 새물결플러스, 2019).

질송, 에티엔느 | 『아우구스티누스 사상의 이해』. 김태규 역. (서울: 성균관대

학교출판부, 2010).

채드윅, 헨리 | 『교부 아우구스티누스, 그리스도교 신학의 아버지』. 전경훈 역.
　　(서울: 뿌리와이파리, 2016).

포시디우스 | 『아우구스티누스의 생애』(*Vita Augustini*). 이연학, 최원오 역주.
　　(왜관: 분도출판사, 2008).

플라톤 | 『프로타고라스』. 강성훈 역. (서울: 이제이북스, 2011).

플로티노스 | 『엔네아데스』. 조규홍 역. (서울: 지식을만드는지식, 2009).

Anderson, Gary A | "Redeem Your Sins by the Giving of Alms: Sin, Debt,
　　and the 'Treasury of Merit'in Early Jewish and Christian Tradition."
　　Letter & Spirit 3 (2007), 39-69.

Augustinus | *Letters (1-82)*. Trans. Wilfrid Parsons. Washington, DC: The
　　Catholic University of America Press, 1951.

Augustinus | *Letters (165-203)*. Trans. Wilfrid Parsons. Washington, DC: The
　　Catholic University of America Press, 1955.

Augustinus | *The Retractations*. Translated by Mary Inez Bogan. Washington:
　　Catholic University of America Press, 1968.

Augustinus | *Saint Augustin: Anti-Pelagian Writings*. Edited by Philip Schaff.
　　Translated by Robert Ernest Wallis. Vol. 5, A Select Library of the
　　Nicene and Post-Nicene Fathers of the Christian Church, First
　　Series. New York: Christian Literature Company, 1887.

Augustinus | *Tractates on the Gospel of John, 112-24; Tractates on the First
　　Epistle of John*. Edited by Thomas P. Halton. Trans. John W. Rettig.
　　Washington, DC: The Catholic University of America Press, 1995.

Bae, Junghun | *John Chrysostom on Almsgiving and the Therapy of the Soul*.
　　Paderborn: Brill, 2021.

Barnard, L. W | "The Background of St. Ignatius of Antioch." *Vigiliae Christianae* 17 (1963): 193-206.

Bauer, C | *John Chrysostom and His Time.* Trans. M. Gonzaga. Vol. 1. London: Sands, 1959.

Bavinck, Herman | *Reformed Dogmatics.* 4 Vols. Grand Rapids: Baker Academic, 2004.

Berkhof, Louis | *Systematic Theology.* Michigan: Wlliam B. Eerdmans Publishing Company, 2018.

Berkhof, Louis | *The History of Christian Doctrines.* London: Banner of Truth, 1991.

Bethge, Hans-Gebhard & Layton, Bentley | Trans. "On the Origin of the World-The Untitled Text." In The Nag *Hammadi Library.* Ed. James M. Robinson. California: Claremont Graduate University, 2009.

Bethge, Hans-Gebhard & Layton, Bentley | Trans. "The (First) Apocalypse of James." In *The Nag Hammadi Library.* Ed. James M. Robinson. California: Claremont Graduate University, 2009.

Bonner, Gerald | "Nuptiis Et Concupiscentia, De." In *Augustine through the Ages: An Encyclopedia.* Ed. Allan Fitzgerald, 592-93. Grand Rapids: Eerdmans, 1999.

Brändle, Rudolf | "This Sweetest Passage: Matthew 25:31-46 and Assistance to the Poor in the Homilies of John Chrysostom." In *Wealth and Poverty in Early Church and Society.* Ed. Susan R. Holman. Grand Rapids, MI: Baker Academic, 2008. 127-39.

Brown, Harold O | *Heresies.* 라은성 역. 『이단과 정통』. (서울: 그리심, 2002).

Brown, Peter Robert Lamont | *Augustine of Hippo: A Biography.* New ed, with Epilogue. Berkeley: University of California Press, 2000.

Broc-Schmezer, Catherine | "De l'aumône faite au pauvre à l'aumône du pauvre: Pauvreté et spiritualité chez Jean Chrysostome." In *Les pères de l'Église et la voix des pauvres: Actes du IIe Colloque de la Rochelle, 2-4 septembre 2005*. ed. Pascal Delage. La Rochelle: Histoire et Culture, 2006. 131-48.

Burnell, Peter | "Concupiscence and Moral Freedom in Augustine and before Augustine," Augustinian Studies 26 (1995): 49-63.

Burnell, Peter | "Concupiscence." In *Augustine through the Ages: An Encyclopedia*. Ed. Allan Fitzgerald, 224-27. Grand Rapids: Eerdmans, 1999.

Cain, Andrew | "Jerome's Pauline Commentaries between East and West: Tradition and Innovation in the Commentary on Galatians." In *Interpreting the Bible and Aristotle in Late Antiquity: The Alexandrian Commentary Tradition between Rome and Baghdad*, edited by Josef Loessl and John W. Watt, 91 – 110. Farnham, Surrey, England; Burlington, VT: Routledge, 2011.

Cicero, *De Officiis* | LCL 30.

Clapsis, Emmanuel | "The Dignity of the Poor and Almsgiving in St. John Chrysostom," *Greek Orthdox Theological Review* 56 (2011), 55-87.

Cocchini, F | *II Paolo di Origene: Contributo alla storia della recezione delle epistole paoline nel III secolo*. Rome: Studium, 1992.

Crépey, Cyrille | "La récompense, un thème majeur dans le discours pastoral de Jean Chrysostome." *Revue des sciences religieuses* 83 (2009), 97-113.

Dassmann, Ernst | *Kirchengeschichte* I. 하성수 역. 『교회사 I』. (왜관: 분도출판사, 2007).

DeVinne, Michael J | "The Advocacy of Empty Bellies: Episcopal Representation of the Poor in the Late Roman Empire." Ph.D diss. Stanford University, 1995.

Donahue, Paul J | "Jewish Christianity in the Letters of Ignatius of Antioch."

Vigiliae *Christianae* 32 (1978): 81–93.

Drecoll, Volker Henning | Ed. *Augustin Handbuch*. Tübingen: Mohr Siebeck, 2007.

Drobner, H. R | *The Fathers of The Church: A Comprehensive Introduction*. 하성수 역.『교부학』. (왜관: 분도출판사, 2015).

Edwards, Robert G. T | "Healing Despondency with Biblical Narrative in John Chrysostom's Letter to Olympias." *Journal of Early Christian Studies* 28 (2020), 203–31.

Ferguson, Everett | *Baptism in the Early Church: History, Theology, and Liturgy in the First Five Centuries*. Grand Rapids, MI: Eerdmans, 2009.

Finn, Richard D | *Almsgiving in the Later Roman Empire: Christian Promotion and Practice* (313–450). Oxford: Oxford University Press, 2006.

Fitzgerald, Allan | Ed. *Augustine through the Ages: An Encyclopedia*. Grand Rapids: Eerdmans, 1999.

Flasch, Kurt | *Was Ist Zeit? Augustinus von Hippo. Das XI. Buch der Confessiones. Historisch-philosophische Studie*. Frankfurt: Klostermann, 1993.

Frame, John M | *History of Western Philosophy and Theology*.『서양 철학과 신학의 역사』. (서울: 생명의말씀사, 2018).

Frank, Karl Suso | *Lehrbuch der Geschichte der Alten Kirche*. 하성수 역.『고대 교회사 개론』. (서울: 가톨릭출판사, 2008).

Franz, Egon | *Totus Christus: Studien über Christus und die Kirche bei Augustin*. Bonn: Rheinischen Friedrich-Wilhelms-Universität, 1956.

Gilson, Étienne | *Introduction à l'étude de Saint Augustin*. Paris: Librairie philosophique J. Vrin, 1940.

Gilson, Etienne | *The Christian Philosophy of Saint Augustine*. Trans. L.E.M. Lynch. New York, NY: Random House, 1960.

Giversen, Soren & Pearson, Birger A | Trans. "The Testimony of Truth." In

The Nag Hammadi Library. Ed. James M. Robinson. California: Claremont Graduate University, 2009.

Goppelt, Leonhard | *Typos the Typological Interpretation of the Old Testament in the New.* 최종태 역.『모형론』. (서울: 새순출판사, 1993).

Gordon, Barry | "The Problem of Scarcity and the Christian Fathers: John Chrysostom and Some Contemporaries." *Studia Patristica*(이후 SP) 22 (1989), 108-20.

Grant, Robert M | Trans. "The Gospel of Truth." In *The Nag Hammadi Library.* Ed. James M. Robinson. California: Claremont Graduate University, 2009.

Gygax, Marc D | and Arijan Zuiderhoek. ed. *Benefactors and the Polis: The Public Gift in the Greek Cities from the Homeric World to Late Antiquity.* Cambridge: Cambridge University Press, 2020.

Hägglund, Bengt | *History of Theology.* 박희석 역.『신학사』. (서울: 성광문화사, 2014).

Hall, Christopher | "John Chrysostom's *On Providence:* A Translation and Theological Interpretation." Ph.D. diss. Drew University, 1991.

Hamman, Adalbert | *How to Read the Church Fathers.* London: SCM Press LTD, 1993.

Harmless, William | "Baptism." In *Augustine through the Ages: An Encyclopedia.* Ed. Allan Fitzgerald, 84-91. Grand Rapids: Eerdmans, 1999.

Hauschild, Wolf-Dieter and Volker Henning Drecoll | *Lehrbuch der Kirchen- und Dogmengeschichte.* Vol. 1, Alte Kirche und Mittelalter, 2nd ed. Gütersloh: Gütersloher Verlagshaus, 2016.

Hauschild, Wolf-Dieter | *Lehrbuch der Kirchen- und Dogmengeschichte* Vol. 1, Alte Kirche und Mittelalter, 2nd ed. Gütersloh: Gütersloher Verlagshaus, 2000.

Horn, Christoph | "Anthropologie." In *Augustin Handbuch*. Ed. Volker Henning Drecoll, 479-87. Tübingen: Mohr Siebeck, 2007.

Ignatius | "To the Ephesians." In *Early Christian Fathers*. Ed. Cyril. C. Richardson. Louisville KY: Westminster John Knox Press, 2006.

Ignatius. | "To the Magnesians." In *Early Christian Fathers*. Ed. Cyril. C. Richardson. Louisville KY: Westminster John Knox Press, 2006.

Ignatius | "To the Trallians." In *Early Christian Fathers*. Ed. Cyril. C. Richardson. Louisville KY: Westminster John Knox Press, 2006.

Ignatius | "To the Romans." In *Early Christian Fathers*. Ed. Cyril. C. Richardson. Louisville KY: Westminster John Knox Press, 2006.

Ignatius. "To the Philadelphians." In *Early Christian Fathers*. Ed. Cyril. C. Richardson. Louisville KY: Westminster John Knox Press, 2006.

Ignatius | "To the Smyrnaeans." In *Early Christian Fathers*. Ed. Cyril. C. Richardson. Louisville KY: Westminster John Knox Press, 2006.

Ignatius | "To Polycarp." In *Early Christian Fathers*. Ed. Cyril. C. Richardson. Louisville KY: Westminster John Knox Press, 2006.

Irenaeus | "The Refutation and Overthrow of the Knowledge Falsely So Called." In *Early Christian Fathers*. Ed. Cyril. C. Richardson. Louisville KY: Westminster John Knox Press, 2006.

Isenberg, Wesley W | Trans. "The Gospel of Philip." In *The Nag Hammadi Library*. Ed. James M. Robinson. California: Claremont Graduate University, 2009.

John Chrysostom | *De eleemosyna*. PG 51:262-72.

John Chrysostom | *De sacerdotio*. SC 272.

John Chrysostom | *In epistulam ad Colossenses homiliae 1-12*. PG 62:299-392.

John Chrysostom | *In epistulam ad Philippenses homiliae 1-15*. PG 62:177-298.

John Chrysostom | *In Johannem homiliae 1-88.* PG 59:23-482.

John Chrysostom | *In Matthaeum homiliae 1-90.* PG 57-58.

Kelly, J. N. D | *Early Christian Doctrines.* London: Adam & Charles Black, 1968.

Kelly, J. N. D | *Golden Mouth: The Story of John Chrysostom - Ascetic, Preacher, Bishop.* New York: Cornell University Press, 1995.

Köstenberger, Andreas J. A | *Theology of John's Gospel and Letters.* 전광규 역. 『요한신학』. (서울: 부흥과개혁사, 2015).

Kolbet, Paul R | *Augustine and the Cure of Souls: Revising a Classical Ideal.* Notre Dame, IN: University of Notre Dame Press, 2009.

Kourtoubelides, Kleanthis X | "The Use and Misuse of Wealth according to St. John Chrysostom," MA thesis, Durham University, 1995.

Küng, Hans | *Die Kirche.* 정지련 역. 『교회』. (서울: 한들출판사, 2007).

Lai, Pak-Wah | "John Chrysostom and the Hermeneutics of Exemplar Portraits." Ph.D. diss. Durham University, 2010.

Laird, Raymond | *Mindset, Moral Choice, and Sin in the Anthropology of John Chrysostom.* Strathfield, NSW: St. Pauls Publications, 2012.

Lawless, George | "Preaching." In *Augustine through the Ages: An Encyclopedia.* Ed. Allan Fitzgerald, 675-77. Grand Rapids: Eerdmans, 1999.

Layton, Bentley | Trans. "The Hypostasis of the Archons The Reality of the Rulers." In *The Nag Hammadi Library.* Ed. James M. Robinson. California: Claremont Graduate University, 2009.

Leyerle, Blake | "John Chrysostom on Almsgiving and the Use of Money." *Harvard Theological Review* 87 (1994), 29-47.

Leyerle, Blake | "Locating Animals in John Chrysostom's Thought." In *Revisioning John Chrysostom: New Approaches, New Perspectives.* Ed. Chris L. de Wet and Wendy Mayer. Leiden: Brill, 2019, 276-99.

Lichtenberger, Hermann | *Fruhjudentum und Kirche im Neuen Testament.* 박성호 역. 『초기 유대교와 신약의 교회』. (서울: 기독교문서선교회, 2020).

Lindemann, Andreas | *Paulus im ältesten Christentum. Das Bild des Apostels und die Rezeption der paulinischen Theologie in der frühchristlichen Literatur bis Marcion.* Tübingen: Mohr Siebeck, 1979.

Lubac, Henri de | *La mystique et l'anthropologie dans le christianisme.* 곽진상 역. 『그리스도교 신비사상과 인간』. (화성: 수원가톨릭대학교 출판부, 2016).

Ludlow, Morwenna | *Art, Craft, and Theology in Fourth-Century Christian Authors.* Oxford: Oxford University Press, 2020.

Madec, Goulven | "Christus." In Augustinus-Lexikon. Eds. Cornelius Petrus Mayer et al., 1:845–908. Basel: Schwabe, 1986.

Martyr, Justin | "The First Apology of Justin, the Martyr." In *Early Christian Fathers.* Ed. Cyril. C. Richardson. Louisville KY: Westminster John Knox Press, 2006.

Mayer, Wendy | "Madness in the Works of John Chrysostom: A Snapshot from Late Antiquity." In *Concept of Madness from Homer to Byzantium: Manifestations and Aspects of Mental Illness and Disorder.* Ed. Hélène Perdicoyianni-Paléologou. Amsterdam: Adolf M. Hakkert, 2016. 349-73.

Mayer, Wendy | *The Homilies of St John Chrysostom - Provenance: Reshaping the Foundations.* Roma: Pontificio Istituto Orientale, 2005.

Mersch, Emile | *The Whole Christ: The Historical Development of the Doctrine of the Mystical Body in Scripture and Tradition.* Trans. John R. Kelly. On Internet: Ex Fontibus Company, 2018.

Mitchell, Margaret M | *The Heavenly Trumpet: John Chrysostom and the Art of Pauline Interpretation.* Tübingen: Mohr Siebeck, 2000.

Mondin, Battista | *Storia della Teologia.* 조규만 외 3 인역. 『신학사 1』. (서울: 가톨릭출판사, 2012).

Muller, Richard A | Dictionary of Latin and Greek Theological Terms: Drawn Principally from Protestant Scholastic Theology. 2nd ed. Grand Rapids, MI: Baker, 2017.

Pagels, Elaine and L | King, Karen. *Reading Judas: the Gospel of Judas and the Shaping of Christianity.* New York: Viking Press, 2007.

Pamphilus, Eusebius | *The Ecclesiastical History of Eusebius Pamphilus.* Trans. C. F. Cruse. Oregon: Watchmaker Publishing, 2011.

Parrott, Douglas M | Trans. "The Sophia of Jesus Christ." In *The Nag Hammadi Library.* Ed. James M. Robinson. California: Claremont Graduate University, 2009.

Pelikan, Jaroslav | *The Emergence of the Catholic Tradition(100-600).* Chicago: The University of Chicago, 1971.

Pitre, Brant | *Jesus and the Jewish Roots of the Eucharist.* New York: Doubleday, 2011.

Placher, William C | *A History of Christian Theology: An Introduction.* Kentucky: Westminster John Knox Press, 1983.

Plato | *Respublica.* LCL 276.

Plotinus | Plotinus: Enneads IV. 1-9. Translated by A. H Armstrong. Cambridge, MA: Harvard University Press, 1984.

Rhee, Helen | *Loving the Poor, Saving the Rich: Wealth, Poverty, and Early Christian Formation.* Grand Rapids: Baker Academic, 2012.

Richardson, Cyril C | "The Church in Ignatius of Antioch." *The Journal of Religion* 17 (1937): 428-443.

Rist, John M | *Augustine: Ancient Thought Baptized.* Cambridge: Cambridge University Press, 1994.

Ritter, Adolf M | "Between 'Theocracy' and 'Simple Life': Dio Chrysostom, John Chrysostom and the Problem of Humanizing Society." SP 22 (1989), 170-80.

Robinson, James M | Trans. "A Valentinian Exposition." In *The Nag Hammadi Library.* Ed. Robinson, James M. California: Claremont Graduate University, 2009.

Roskam, Geert | "John Chrysostom on Pagan Euergetism: A Reading of the First Part of *De inani gloria et de educandis liberis." Sacris Erudiri* 53 (2014), 147-69.

Rylaarsdam, David | *John Chrysostom on Divine Pedagogy: The Coherence of his Theology and Preaching.* Oxford: Oxford University Press, 2014.

Sanlon, Peter T | *Augustine's Theology of Preaching.* Minneapolis: Fortress Press, 2014.

Schoedel, William R | Trans. "The (First) Apocalypse of James." In The Nag *Hammadi Library.* Ed. James M. Robinson. California: Claremont Graduate University, 2009.

Scopello, Madeleine | *Les Gnostiques.* 이수민 편역. 『영지주의자들』. (왜관: 분도출판사, 2005).

Seneca, *De Beneficiis* | LCL 310.

Sitzler, Silke | "Identity: The Indigent and the Wealthy in the Homilies of John Chrysostom." *Vigiliae Christianae* 63 (2009), 468-79.

Spinks, Bryan D | "The Growth of Liturgy and the Church Year." In *The Cambridge History of Christianity: Constantine to c. 600.* Vol. 2. ed. Augustine Casiday and Frederick W. Norris. Cambridge: Cambridge University Press, 2007. 601-17.

Stenger, Jan R | "Text Worlds and Imagination in Chrysostom's Pedagogy." In *Revisioning John Chrysostom.* 206-46.

Teske, Roland J | "Soul." In Augustine through the Ages: An Encyclopedia. Ed. Allan Fitzgerald, 807-12. Grand Rapids: Eerdmans, 1999.

Tloka, Jutta | *Griechische Christen. Christliche Griechen. Plausibilisierungsstrategien des antiken Christentums bei Origenes und Johannes Chrysostomos.* Tübingen: Mohr Siebeck, 2005.

Tonias, Demetrios E | *Abraham in the Works of John Chrysostom.* Minneapolis: Fortress Press, 2014.

Turner, John D | Trans. "The Interpretation of Knowledge." In *The Nag Hammadi Library.* Ed. James M. Robinson. California: Claremont Graduate University, 2009.

Van Gendoen, J. & Velema, W. H | *Beknopte gereformeerde dogmatiek.* 신지철 역. 『개혁교회 교의학』. (서울: 새물결플러스, 2018).

Van Nuffelen, Peter | "Social Ethics and Moral Discourse in Late Antiquity." In *Reading Patristic Texts on Social Ethics: Issues and Challenges for Twenty-First-Century Christian Social Thought.* ed. Johan Leemans, Brian J. Matz and Johan Verstraeten. Washington, DC: The Catholic University of America Press, 2011, 45-63.

Veyne, Paul | *Bread and Circuses: Historical Sociology and Political Pluralism.* Trans. Brian Pearce. London: Allen Lane, 1990.

Vos Johannes G. & Williamson, G. I | *The Westminster Larger Catechism: A Commentary.* New Jersey: P&R Publishing, 2002.

Wiles, M | *The Divine Apostle: The Interpretation of St. Paul's Epistles in the Early Church.* Cambridge: Cambridge University Press, 1967.

Woo, B. Hoon | "Augustine's Hermeneutics and Homiletics in *De doctrina christiana*: Humiliation, Love, Sign, and Discipline." *Journal of Christian Philosophy* 17/2 (2013): 97-117.

Wright, Jessica | "Brain and Soul in Late Antiquity." Ph.D. diss. Princeton

University, 2016.

Wright, Jessica | "Between Despondency and the Demon: Diagnosing and Treating Spiritual Disorders in John Chrysostom's *Letter to Stageirios*." *Journal of Late Antiquity* 8 (2015), 352-67.

〈요한 크리소스톰과 과시욕〉 미주

1. 신원하,『죽음에 이르는 7가지 죄』, 확대개정판 (서울: IVP, 2020), 13, 210-11. 드영(Rebecca K. Deyoung)은 4세기 사막교부들, 히포의 아우구스티누스, 토마스 아퀴나스에 이르는 기독교 사상사에서 허영의 본질과 피해, 극복 방법을 상세히 분석하였다. 레베카 드영,『허영』, 김요한 역(서울: 두란노, 2015).

2. Geert Roskam, "John Chrysostom on Pagan Euergetism: A Reading of the First Part of *De inani gloria et de educandis liberis*," *Sacris Erudiri* 53 (2014), 147, 166.

3. 이은혜, "요한 크리소스토모스의 설교에 나타난 수도주의와 "가난한 자를 사랑한자"(Lover of the Poor)의 관계성에 대한 이해," 「한국교회사학회지」 26 (2010), 207-14; Blake Leyerle, "John Chrysostom on Almsgiving and the Use of Money," *Harvard Theological Review* 87 (1994), 34-43; Silke Sitzler, "Identity: The Indigent and the Wealthy in the Homilies of John Chrysostom," *Vigiliae Christianae* 63 (2009), 475; Roskam, "John Chrysostom

on Pagan Euergetism," 147-69. 요한과 가난 연구의 최신 동향에 대한 비판적인 정리는 다음의 논문을 참고하라. 배정훈, "*Status Quaestionis*: 요한 크리소스톰 가난 연구의 과거, 현재, 미래,"「역사신학논총」 36 (2020), 47-85.

4   Peter Van Nuffelen, "Social Ethics and Moral Discourse in Late Antiquity," in *Reading Patristic Texts on Social Ethics: Issues and Challenges for Twenty-First-Century Christian Social Thought*, ed. Johan Leemans, Brian J. Matz and Johan Verstraeten (Washington, DC: The Catholic University of America Press, 2011), 48-53, 58-62.

5   C. Bauer, *John Chrysostom and His Time*, trans. M. Gonzaga, vol. 1 (London: Sands, 1959), 217; Richard D. Finn, *Almsgiving in the Later Roman Empire: Christian Promotion and Practice* (313-450) (Oxford: Oxford University Press, 2006), 152. 마태복음 설교는 전통적으로 390년경 안디옥에서 작성되었다고 간주되었다. J.N.D. Kelly, *Golden Mouth: The Story of John Chrysostom - Ascetic, Preacher, Bishop* (New York: Cornell University Press, 1995), 90. 그러나 웬디 마이어(Wendy Mayer)는, *The Homilies of St John Chrysostom - Provenance: Reshaping the Foundations* (Roma: Pontificio Istituto Orientale, 2005), 22-23, 이에 대한 반론을 제기하였다. 그녀는 같은 시리즈의 설교라도 다른 시기와 장소에서 전달되었을 가능성을 설득력 있게 증명하였다. 본 논문은 지면상 이에 대한 상세한 연구는 하지 못하지만 마태복음 설교의 많은 부분들이 390년 초반 안디옥에 기원한다고 가정한다.

6   Chrys. *Hom.* 88.3 *in Mt.* (PG 58:779.14-32).

7   루돌프 브랜들레,『요한 크리소스토무스: 고대 교회 한 개혁가의 초상』, 이종한 역 (서울: 분도, 2016), 71.

8   Chrys. *Eleem.* 1 (PG 51:261.4-20). 다른 언급이 없는 한 모든 번역은 본인이 한 것이다.부와 가난에 관한 교부들의 중요한 설교들은 다음의 책으로 번역되었다. 정교회 교부들,『부와 가난』, 박노

양 역 (서울: 정교회출판사, 2018).

9   브랜들레, 『요한 크리소스토무스』, 72.

10   Michael J. DeVinne, "The Advocacy of Empty Bellies: Episcopal Representation of the Poor in the Late Roman Empire," (Ph.D diss. Stanford University, 1995), 5-8.

11   Margaret M. Mitchell, *The Heavenly Trumpet: John Chrysostom and the Art of Pauline Interpretation* (Tübingen: Mohr Siebeck, 2000), 101.

12   David Rylaarsdam, *John Chrysostom on Divine Pedagogy: The Coherence of his Theology and Preaching* (Oxford: Oxford University Press, 2014), 231-32.

13   Emmanuel Clapsis, "The Dignity of the Poor and Almsgiving in St. John Chrysostom," *Greek Orthdox Theological Review* 56 (2011), 61-62; Kleanthis X. Kourtoubelides, "The Use and Misuse of Wealth according to St. John Chrysostom," (MA thesis, Durham University, 1995), 57-73, 95-109.

14   Barry Gordon, "The Problem of Scarcity and the Christian Fathers: John Chrysostom and Some Contemporaries," *Studia Patristica* (이후 *SP*) 22 (1989), 112-14; 브랜들레, 『요한 크리소스토무스』, 71-72.

15   Chrys. *Hom.* 20.2, 4 *in Mt.* (PG 57:288.60-289.1, 291.22-24); Hom. 56.5 in Mt. (PG 58:556.27-29).

16   Chrys. *Hom.* 51.6 *in Mt.* (PG 58:518.12-21).

17   Chrys. *Hom.* 89.4 *in Mt.* (PG 58:786.43-46).

18   Junghun Bae, *John Chrysostom on Almsgiving and the Therapy of the Soul* (Paderborn: Brill, 2021), 64-67.

19   Chrys. *Hom.* 77.5 *in Mt.* (PG 58:707.54-708.34).

20   Chrys. Sac. 2 (SC 272:124-26).

21   Chrys. *Hom.* 77.5-6 *in Mt.* (PG 58:709.1-710.54).

22   Adolf M. Ritter, "Between 'Theocracy' and 'Simple Life': Dio Chrysostom, John Chrysostom and the Problem of Humanizing Society," *SP* 22 (1989), 173-77.

23   Chrys. *Hom.* 78.1-2 *in Mt.* (PG 58:711.1-713.26); 배정훈, "세상 속에서 수도적 삶: 마태복음 7장 13-14절에 대한 요한 크리소스 톰의 해석," 「갱신과 부흥」 26 (2019), 55-60.

24   Chrys. *Hom.* 1.3 *in Phil.* (PG 62:182.31-38).

25   Chrys. *Hom.* 71.3 *in Mt.* (PG 58:665.3-4).

26   Chrys. *Hom.* 19.1 *in Mt.* (PG 57:273.19-30 ab imo, 밑에서부터).

27   Chrys. *Hom.* 19.1 *in Mt.* (PG 57:273.22-30 ab imo).

28   배정훈, "구제와 영혼의 치유에 대한 존 크리소스톰의 사상 연구: 그의 마태복음 설교를 중심으로," 「성경과 신학」 88 (2018), 125-28. 요한의 의학화 된 담론과 관련된 최근 연구 경향에 대해서는 다음의 논문을 참고하라. 배정훈, "*Status Quaestionis*: 요한 크리소스톰과 철학-의학적 치료," 「갱신과 부흥」 26 (2020), 43-81.

29   신원하, 『죽음에 이르는 7가지 죄』, 214-15.

30   Chrys. *Hom.* 3.4 *in Mt.* (PG 57:36.24-29); *Hom.* 15.2 *in Mt.* (PG 57:224.39-225.9); *Hom.* 9.2 *in Jo.* (PG 59:72.24-60); *Hom.* 16.4 *in Jo.* (PG 59:106.19-43).

31   신원하, 『죽음에 이르는 7가지 죄』, 220-21; 드영, 『허영』, 86-88.

32   Plato, *Respublica*, 588c (LCL 276:398-99)

33   Chrys. *Hom.* 7.4-5 *in Col.* (PG 62:349.21-58).

34   Blake Leyerle, "Locating Animals in John Chrysostom's Thought,"

in *Revisioning John Chrysostom: New Approaches, New Perspectives,* Ed. Chris L. de Wet and Wendy Mayer (Leiden: Brill, 2019), 277-84. 초대 기독교 저자들의 동물 이미지 사용에 대한 더 자세한 연구는 다음을 참고하라. Patricia Cox Miller, *In the Eye of the Animal: Zoological Imagination in Ancient Christianity* (Philadelphia: University of Pennsylvania Press, 2018).

35   Chrys. *Hom.* 71.2-3 *in Mt.* (PG 58:664.35-55, 665.41-46); *Hom.* 19.1 *in Mt.* (PG 57:273.11-30 ab imo, 275.10-16).

36   Pak-Wah Lai, "John Chrysostom and the Hermeneutics of Exemplar Portraits,"(Ph.D. diss. Durham University, 2010); Demetrios E. Tonias, *Abraham in the Works of John Chrysostom* (Minneapolis: Fortress Press, 2014).

37   Robert G. T. Edwards, "Healing Despondency with Biblical Narrative in John Chrysostom's Letter to Olympias," *Journal of Early Christian Studies* 28 (2020), 203-31.

38   Jessica Wright, "Brain and Soul in Late Antiquity," (Ph.D. diss. Princeton University, 2016), 266-80.

39   Jessica Wright, "Between Despondency and the Demon: Diagnosing and Treating Spiritual Disorders in John Chrysostom's *Letter to Stageirios,*" *Journal of Late Antiquity* 8 (2015), 363-66.

40   Chrys. *Hom.* 15.9 *in Mt.* (PG 57:235.41-236.12).

41   Marc D. Gygax and Arijan Zuiderhoek(eds.), *Benefactors and the Polis: The Public Gift in the Greek Cities from the Homeric World to Late Antiquity* (Cambridge: Cambridge University Press, 2020).

42   개인적인 후원관계와 공적기부를 구분하기도 한다. Stephen Joubert, "One Form of Social Exchange or Two? 'Euergetism,' Patronage, and Testment Studies," *Biblical Theology Bulletin* 31 (2001), 17-25.

43 데이비드 A. 드실바, 『문화의 키워드로 신약성경 읽기: 명예, 후원, 친족, 정결, 개념 연구』, 김세현 역 (서울: 새물결플러스, 2019), 133-46; Roskam, "John Chrysostom on Pagan Euergetism," 150. 고대후원제도에 관한 주요 연구서는 다음을 참고하라. Frederic W. Danker, *Benefactor: Epigraphic Study of a Graeco-Roman and New Testament Semantic Field* (St. Louis: Clayton Publishing, 1982); Richard P. Saller, *Personal Patronage under the Early Empire* (Cambridge: Cambridge University Press, 1982); Andrew Wallace-Hadrill(ed.), *Patronage in Ancient Society* (London: Routledge, 1989). 간략한 요약과 중요 서지사항은 여러 책에 나와 있다. Peter Garnsey and Richard Saller(eds.), *The Roman Empire: Economy, Society and Culture*, 2nd ed. (Berkeley: University of California Press, 2015), 173-84; 존 M. G. 바클레이, 『바울과 선물: 사도 바울의 은혜개념 연구』, 송일 역 (서울: 새물결플러스, 2019), 39-145.

44 조슈아 W. 지프, 『환대와 구원: 혐오. 배제. 탐욕. 공포를 넘어 사랑의 종교로 나아가기』, 송일 역 (서울: 새물결플러스, 2019), 274. 이에 대한 상세한 연구는 다음을 참고하라. Annelise Parkin, "'You Do Him No Service': An Exploration of Pagan Almsgiving," in *Poverty in the Roman World*, ed. Margaret Atkins and Robin Osborne (Cambridge: Cambridge University Press, 2006), 60-82.

45 Van Nuffelen, "Social Ethics and Moral Discourse," 48-53, 58-62. 그의 입장은 브라운(Peter Brown)의 논제를 반박하는 것이다: 피터 브라운, 『고대 후기 로마제국의 가난과 리더십』, 서원모 · 이은혜 역 (파주: 태학사, 2012).

46 드실바, 『문화의 키워드로 신약성경 읽기』, 154.

47 Cicero, *De Officiis*(이후 *Offic.*), 1.47

48 Seneca, *De Beneficiis*(이후 *Ben.*), 2.22-23.2.

49 드실바, 『문화의 키워드로 신약성경 읽기』, 155.

50   Chrys. *Hom.* 19.1 *in Mt.* (PG 57:273.28-30 ab imo, 275.1-17);
      Hom. 71.2-3 *in Mt.* (PG 58:664.35-55, 665.41-46).

51   "사람에게 보이려고 그들 앞에서 너희 의를 행하지 않도록 주의
      하라 그리하지 아니하면 하늘에 계신 너희 아버지께 상을 받지 못
      하느니라. 그러므로 구제할 때에 외식하는 자가 사람에게서 영광
      을 받으려고 회당과 거리에서 하는 것 같이 너희 앞에 나팔을 불
      지 말라 진실로 너희에게 이르노니 그들은 자기 상을 이미 받았느
      니라."

52   Christopher Hall, "John Chrysostom's *On Providence*: A Translation
      and Theological Interpretation," (Ph.D. diss, Drew University,
      1991), 103.

53   Chrys. *Hom.* 13.5 *in Mt.* (PG 57:215.5-216.1-20).

54   Helen Rhee, *Loving the Poor, Saving the Rich: Wealth, Poverty,
      and Early Christian Formation* (Grand Rapids: Baker Academic,
      2012), 49.

55   Cyrille Crépey, "La récompense, un thème majeur dans le discours
      pastoral de Jean Chrysostome," *Revue des sciences religieuses* 83
      (2009), 97-113.

56   배정훈, "희망과 두려움의 수사학: 존 크리소스톰의 구제 담론
      에서 보상과 심판의 영혼치유적 역할," 「장신논단」 50 (2018),
      77-81.

57   "너희를 위하여 보물을 땅에 쌓아 두지 말라. 거기는 좀과 동록이
      해하며 도둑이 구멍을 뚫고 도둑질하느니라. 오직 너희를 위하여
      보물을 하늘에 쌓아두라. 거기는 좀과 동록이 해하지 못하며 도둑
      이 구멍을 뚫지도 못하고 도둑질도 못하느니라."

58   Gary A. Anderson, "Redeem Your Sins by the Giving of Alms: Sin,
      Debt, and the 'Treasury of Merit' in Early Jewish and Christian
      Tradition," *Letter & Spirit* 3 (2007), 39-57. 다음의 책도 참고하라.

Peter Brown, *Treasure in Heaven: The Holy Poor in Early Christianity* (London: University of Virginia Press).

59   Chrys. *Hom.* 20.2 *in Mt.* (PG 57:289.30-48).

60   Chrys. *Hom.* 19.1 *in Mt.* (PG 57:273.4-11 ab imo).

61   Chrys. *Hom.* 71.3 *in Mt.* (PG 58:665.4-11).

62   Chrys. *Hom.* 71.3 *in Mt.* (PG 58:665.35-41). 초대교회에서 듣기의 중요성과 의미에 대한 광범위한 연구는 다음을 참고하라. Carol Harrison, *The Art of Listening in the Early Church* (Oxford: Oxford University Press, 2013).

63   Chrys. *Hom.* 15.9 *in Mt.* (PG 57:235.44-45).

64   Chrys. *Hom.* 71.3 *in Mt.* (PG 58:666.9-23).

65   Chrys. *Hom.* 71.3 *in Mt.* (PG 58:665.46-51).

66   Morwenna Ludlow, *Art, Craft, and Theology in Fourth-Century Christian Authors* (Oxford: Oxford University Press, 2020), 22-24.

67   Chrys. *Hom.* 71.3 *in Mt.* (PG 58:665.51-666.4).

68   "너는 구제할 때에 오른손이 하는 것을 왼손이 모르게 하여 네 구제함을 은밀하게 하라 은밀한 중에 보시는 너의 아버지께서 갚으시리라."

69   Chrys. *Hom.* 71.4 *in Mt.* (PG 58:666.30-32).

70   Catherine Broc-Schmezer, "De l'aumône faite au pauvre à l'aumône du pauvre: Pauvreté et spiritualité chez Jean Chrysostome," in *Les pères de l'Église et la voix des pauvres: Actes du IIe Colloque de la Rochelle*, 2-4 septembre 2005, ed. Pascal Delage (La Rochelle: Histoire et Culture, 2006) 139-48; Rudolf Brändle, "This Sweetest Passage: Matthew 25:31-46 and Assistance to the Poor in the Homilies of John Chrysostom," in *Wealth and Poverty in Early*

Church and Society, ed. Susan R. Holman (Grand Rapids, MI: Baker Academic, 2008), 133-35.

71   Chrys. *Hom. 71.4 in Mt.* (PG 58:666.32-34).

72   Chrys. *Hom. 71.4 in Mt.* (PG 58:666.35-52); Bryan D. Spinks, "The Growth of Liturgy and the Church Year," in *The Cambridge History of Christianity: Constantine to c. 600*, vol. 2, ed. Augustine Casiday and Frederick W. Norris (Cambridge: Cambridge University Press, 2007), 605; Wendy Mayer, "Madness in the Works of John Chrysostom: A Snapshot from Late Antiquity," in *Concept of Madness from Homer to Byzantium: Manifestations and Aspects of Mental Illness and Disorder*, ed. Hélène Perdicoyianni-Paléologou (Amsterdam: Adolf M. Hakkert, 2016), 363-64.

73   Γνώμη(그노메)는 마음, 생각, 의지, 성향, 판단, 견해, 목적, 의도 등 다양한 의미가 있다. H. G. Liddell, R. Scott, and H. S. Jones, *A Greek-English Lexicon*, 9th ed. (Oxford: Clarendon Press, 1996), 354; G. H. W. Lampe (ed.), *Patristic Greek Lexicon* (Oxford: Clarendon Press, 1968), 317-18. 레어드는 사고방식(mindset)이 가장 좋은 번역이라고 주장한다. Raymond Laird, *Mindset, Moral Choice, and Sin in the Anthropology of John Chrysostom* (Strathfield, NSW: St. Pauls Publications, 2012).

74   Chrys. *Hom. 19.1 in Mt.* (PG 57:274.9-20 ab imo).

75   Chrys. *Hom. 19.1, 2 in Mt.* (PG 57:274.8-14 ab imo, 275.22-27). 괄호는 별도의 설명이 없는 한 필자의 설명이다.

76   Laird, *Mindset, Moral Choice, and Sin*, 41-46.

77   Rhee, *Loving the Poor*, 14.

78   Paul Veyne, *Bread and Circuses: Historical Sociology and Political Pluralism*, trans. Brian Pearce (London: Allen Lane, 1990); 브라운, 『고대 후기 로마제국의 가난과 리더십』.

79   *Leyerle, "*John Chrysostom on Almsgiving," 30-34.

80   Seneca, *Ben*. 1.1.9-13, 1.2.2-5, 1.4.3-6, 1.6.1.

81   Seneca, *Ben*. 1.1.9; 드실바, 『문화의 키워드로 신약성경 읽기』, 153.

82   Seneca, *Ben*. 1.2.3-4; 드실바, 『문화의 키워드로 신약성경 읽기』, 164-67.

83   Cicero, *Offic*. 1.42.

84   Roskam, "John Chrysostom on Pagan Euergetism," 155-57, 164-67.

85   Chrys. *Hom*. 71.4 *in Mt*. (PG 58:666.24-31, 666.52-667.1).

86   Chrys. *Hom*. 89.3-4 *in Mt*. (PG 58:785.5-786.55). 요한은 성도들의 교육을 위해 명예와 치욕 개념을 자주 사용한다. Hendrik F. Stander, "The Concept of Honour/Shame in Chrysostom's Commentary on Matthew," *SP* 41 (2006), 469-75; Stander, "Honour and Shame as Key Concepts in Chrysostom's Exegesis of the Gospel of John," *Hervormde Teologiese Tydskrif* 58 (2003), 899-913.

87   Chrys. *Hom*. 71.3 *in Mt*. (PG 58:666.2-9).

88   Jutta Tloka, *Griechische Christen. Christliche Griechen. Plausibilisierungsstrategien des antiken Christentums bei Origenes und Johannes Chrysostomos* (Tübingen: Mohr Siebeck, 2005), 127-250.

89   Chrys. *Hom*. 19.2 *in Mt*. (PG 57:275.29-40).

90   Chrys. *Hom*. 19.2 *in Mt*. (PG 57:275.41-276.13).

91   Jan R. Stenger, "Text Worlds and Imagination in Chrysostom's Pedagogy," in *Revisioning John Chrysostom: New Approaches, New Perspectives*, ed. Chris L. de Wet and Wendy Mayer (Leiden: Brill,

2019), 216-17. 각주 12-13 참고. 요한의 극장 이미지 사용에 대해서는 여러 연구가 이루어졌다. Blake Leyerle, *Theatrical Shows and Ascetic Lives: John Chrysostom's Attack on Spiritual Marriage* (Berkeley: University of California Press, 2001); Christoph Jacob, *Das geistige Theater: Ästhetik und Moral bei Johannes Chrysostomus* (Münster: Aschendorff 2010).

92 Sitzler, "The Indigent and the Wealthy," 475; Roskam, "John Chrysostom on Pagan Euergetism," 167-68.

93 Rylaarsdam, *John Chrysostom on Divine Pedagogy*, 254-61.

94 Chrys. *Hom*. 19. 2, 4 *in Mt*. (PG 57:289.42-48, 291.44-292.2).

95 Chrys. *Hom*. 71.4 *in Mt*. (PG 58:666.52-668.8).

〈탐욕으로 갈등하는 영혼〉 미주

1   *sol.* 1.2.7 (CSEL 89,11). 여기에서 "CSEL"은 "Corpus Scriptorum Ecclesiasticorum Latinorum"의 약자이다. 이 글에서 별다른 언급 없이 제목 혹은 약어로만 인용된 작품은 모두 아우구스티누스의 것이다. 아우구스티누스의 생애 및 주요작품 목록과 그에 대한 약어에 대해서는 본 연구 제일 마지막에 실린 부록에 나와 있다. 더 포괄적인 목록은 아래 문헌들을 보라. Allan D. Fitzgerald, ed., *Augustine through the Ages: An Encyclopedia* (Grand Rapids: Eerdmans, 1999), xxxv-xlii; 포시디우스, 『아우구스티누스의 생애』(*Vita Augustini*), 이연학, 최원오 역주 (왜관: 분도출판사, 2008), 170-81. 위에서 제시한 책의 권수와 설교 편수에 대해서는 학자들마다 다른 견해를 가진다. 가령 이연학과 최원오는 아우구스티누스의 소실된 작품까지 합쳐서 모두 134개의 작품 목록을 제시한다(포시디우스, 『아우구스티누스의 생애』, 170-81 참조).

2   이 세 작품은 아래와 같이 우리말로 번역되어 있다. 아우구스티누스, 『독백』, 성염 역주(서울: 분도출판사, 2018); 아우구스티누스, 『영

혼 불멸』, 성염 역주(서울: 분도출판사, 2018); 아우구스티누스, 『영혼의 위대함』, 성염 역주(서울: 분도출판사, 2019).

3   *sol*. 1.2.7 (CSEL 89,11). 여기에서 "CSEL"은 "Corpus Scriptorum Ecclesiasticorum Latinorum"의 약자이다. 이 글에서 별다른 언급 없이 제목 혹은 약어로만 인용된 작품은 모두 아우구스티누스의 것이다. 아우구스티누스의 생애 및 주요작품 목록과 그에 대한 약어에 대해서는 본 연구 제일 마지막에 실린 부록에 나와 있다. 더 포괄적인 목록은 아래 문헌들을 보라. Allan D. Fitzgerald, ed., *Augustine through the Ages: An Encyclopedia* (Grand Rapids: Eerdmans, 1999), xxxv-xlii; 포시디우스, 『아우구스티누스의 생애』(*Vita Augustini*), 이연학, 최원오 역주 (왜관: 분도출판사, 2008), 170-81. 위에서 제시한 책의 권수와 설교 편수에 대해서는 학자들마다 다른 견해를 가진다. 가령 이연학과 최원오는 아우구스티누스의 소실된 작품까지 합쳐서 모두 134개의 작품 목록을 제시한다(포시디우스, 『아우구스티누스의 생애』, 170-81 참조).

4   *ep*. 166.3 (CSEL 44,548): "quaestio de anima multos mouet, in quibus et me esse confiteor." 이 작품은 아래와 같이 영역 되어 있다. Augustine of Hippo, *Letters (165-203)*, ed. Hermigild Dressler, trans. Wilfrid Parsons, vol. 30, The Fathers of the Church (Washington, DC: The Catholic University of America Press, 1955), 8.

5   국내의 연구 중에 아우구스티누스의 영혼을 직접적으로 다룬 논문은 단 하나밖에 없다. 유경동, "영혼론과 기독교윤리 어거스틴, 아퀴나스, 루터의 영혼론에 대한 소고," 「기독교사회윤리」 35 (2016): 273-305을 보라. 이 논문은 아우구스티누스, 토마스 아퀴나스, 루터를 비교하는 논문으로서, 아우구스티누스의 영혼론이 가지는 윤리적 성격을 잘 밝혀준 장점은 있다. 하지만 세 명의 신학자들을 다루다 보니 아우구스티누스의 영혼론의 다양한 측면을 포괄적으로 다루지 못한 한계가 있어 아쉬움을 남긴다.

6 이하의 내용은 Roland J. Teske, "Soul," in *Augustine through the Ages: An Encyclopedia,* ed. Allan Fitzgerald (Grand Rapids: Eerdmans, 1999), 807-12; Christoph Horn, "Anthropologie," in Volker Henning Drecoll, ed., *Augustin Handbuch* (Tübingen: Mohr Siebeck, 2007), 479-87의 논의를 기본적으로 참조했다. 하지만 여러 2차 작품들과 아우구스티누스의 원전으로 논의를 보충했다.

7 Teske, "Soul," 807.

8 *quant.* 13.22 (CSEL 89,158): "si autem definiri tibi animum uis et ideo quaeris, quid sit animus, facile respondeo. nam mihi uidetur esse **substantia quaedam rationis particeps regendo corpori adcommodata.**" (볼드체는 연구자의 것이다.) 아우구스티누스, 『영혼의 위대함』, 성염 역, 105에서는 "영혼이란 신체를 다스리기에 적합한, 이성을 갖춘 어떤 실체"라고 번역한다. Teske, "Soul," 809에서는 "a substance partaking of reason adapted to ruling a body"라고 번역한다.

9 *ep.* 166.4 (CSEL 44,551): "porro si corpus non est, nisi quod per loci spatium aliqua longitudine, latitudine, altitudine ita sistitur uel mouetur, ut maiore sui parte maiorem locum occupet et breuiore breuiorem minusque sit in parte quam in toto, non est corpus anima. **per totum quippe corpus, quod animat, non locali diffusione sed quadam uitali intentione porrigitur**; nam per omnes eius particulas tota simul adest nec minor in minoribus et in maioribus maior sed alicubi intentius alicubi remissius et in omnibus tota et in singulis tota est." (볼드체는 연구자의 것이다.)

10 *ep.* 166.4 (CSEL 44,551). 에티엔느 질송, 『아우구스티누스 사상의 이해』, 김태규 역(서울: 성균관대학교출판부, 2010), 104에서 재인용한다. 하지만 질송은 CSEL 44,551을 인용하는 대신에 PL 33, 722를 인용했다. 질송의 원본과 영역본은 아래를 참조하라. Etienne Gilson, *Introduction à l'étude de Saint Augustin*, 3. éd.

(Paris: Librairie philosophique J. Vrin, 1940), 63; Etienne Gilson, *The Christian Philosophy of Saint Augustine*, trans. L.E.M. Lynch (New York: Random House, 1960), 48.

11　Horn, "Anthropologie," 479.

12　이상의연대들에대해서는피터브라운,『아우구스티누스』,정기문역 (서울: 새물결, 2012)에 나오는 정보들을 참조했다.

13　Wolf-Dieter Hauschild and Volker Henning Drecoll, *Lehrbuch der Kirchen- und Dogmengeschichte*, vol. 1, Alte Kirche und Mittelalter, 2nd ed. (Gütersloh: Gütersloher Verlagshaus, 2016), 390에서는 이 러한 점에서 하나님과 영혼이 유사성이 있음을 밀라노 시절의 아 우구스티누스가 알게 됐다고 적고 있다.

14　*ep.* 166.2.4; Teske, "Soul," 807-8에서 재인용.

15　플로티노스,『엔네아데스』, V.8.10. 한역은 플로티노스,『엔네아데 스』, 조규홍 역(서울: 지식을만드는지식, 2009), 86-87을 보라.

16　여기에서 IV는『엔네아데스』의 묶음 번호, 7은 논문번호이다. [2] 는 플로티노스가 작성한 연대순으로 매긴 작품번호이다.

17　아리스토텔레스,『영혼론』(*De anima*), 2.2(413b24-27). 같은 작품 의 3.4-5도 참조하라.

18　이상 도미니크 오미라,『플로티노스: 엔네아데스 입문』, 안수철 역 (서울: 탐구사, 2009), 41-42를 보라.

19　플로티노스, 『엔네아데스』, IV.7.9-14. 그리스어 원문과 영역 은 Plotinus, *Plotinus: Enneads IV. 1-9*, trans. A. H Armstrong (Cambridge, MA: Harvard University Press, 1984), 378-91을 보라.

20　헨리 채드윅,『교부 아우구스티누스, 그리스도교 신학의 아버지』, 전경훈 역(서울: 뿌리와이파리, 2016), 41, 69. 76.

21　*Trin.* 15.7.11 (CCL 50A,474): "homo est substantia rationalis constans ex anima et corpore." 여기에서 "CCL"은 "Corpus

Christianorum. Series Latina"를 뜻한다. 질송, 『아우구스티누스 사상의 이해』, 102-3에서 재인용하지만, 질송은 PL 42, 1065를 제시한다.

22　*mor.* 1.27.52: "anima rationalis utens corpore"; *Jo. ev. tr.* 19.5.15; "anima rationalis habens corpus"아우구스티누스, 『영혼의 위대함』, 성염 역주, 220n309에서 재인용.

23　Horn, "Anthropologie," 480.

24　*ep.* 18.2 (CSEL 34,1,45): "est natura per locos et tempora mutabilis, ut corpus, et est natura per locos nullo modo, sed tantum per tempora etiam ipsa mutabilis, ut anima, et est natura, quae nec per locos nec per tempora mutari potest, hoc deus est. quod hic insinuaui quoquo modo mutabile, creatura dicitur; quod inmutabile, creator." 이 편지는 아래와 같이 번역되어 있다. Augustine of Hippo, *Letters (1-82)*, trans. Wilfrid Parsons, vol. 1, The Fathers of the Church (Washington, DC: The Catholic University of America Press, 1951), 44.

25　플라톤의 영혼윤회설에 대해서는 아래를 보라. *Phaedrus* 249; *Phaedo* 81e; *Timaeus* 42c. 아우구스티누스, 『신국론』, 제1권, 성염 역주(왜관: 분도출판사, 2004), 1098n286에서 재인용.

26　(롬 9:11, 개역개정) 그 자식들이 아직 나지도 아니하고 무슨 선이나 악을 행하지 아니한 때에 택하심을 따라 되는 하나님의 뜻이 행위로 말미암지 않고 오직 부르시는 이로 말미암아 서게 하려 하사

27　로버트 오코너(Robert O'Connell)는 아우구스티누스가 선재한 영혼의 타락설을 믿고 있었다고 주장했지만, 제럴드 오댈리(Gerard O'Daly)는 그에 대해 적절하게 반대했다. Teske, "Soul," 810쪽에 간단히 정리되어 있다. 아울러 같은 글 811쪽에 나오는 참고문헌도 보라.

28　Plotinus, *Enneades* 4,9; Pophyry, *Sententiae* 37.

29 Plotinus, *Plotinus: Enneads IV. 1-9*, trans. A. H Armstrong (Cambridge, MA: Harvard University Press, 1984), 427-41을 보라.

30 Aquinas, *Summa theologiae* I, q. 76, a.2 ad 6. 아우구스티누스, 『영혼의 위대함』, 성염 역주, 244n345에서 재인용.

31 *imm. an.* 15.24 (CSEL 89,125-26): "hoc autem ordine intellegitur a summa essentia speciem corpori per animam tribui, qua est, in quantumcumque est. per animam ergo corpus subsistit et eo ipso est, quo animatur, siue uniuersaliter, ut mundus, siue particulariter, ut unumquodque animal intra mundum." 한역은 아우구스티누스, 『영혼 불멸』, 성염 역주, 97을 보라.

32 Teske, "Soul," 811.

33 Kurt Flasch, *Was Ist Zeit? Augustinus von Hippo. Das XI. Buch der Confessiones. Historisch-philosophische Studie* (Frankfurt: Klostermann, 1993), 407-8.

34 이에 대한 자세한 비판은 아래 논문을 보라. 배성진, "아우구스티누스의 '시간론'에서 주관주의의 문제:『고백록』제XI권에 나타난 시간 존재의 아포리아를 중심으로," 「중세철학」 26 (2020): 5-58 (특히 12-13, 41).

35 이 사상을 "전체 그리스도 사상(*totus Christus*)"이라고 부른다. Goulven Madec, "Christus," in *Augustinus-Lexikon*, vol. 1, ed. C. Mayer (Basel: Schwabe, 1992), cols. 879-82에는 "totus Christus" 사상이 잘 설명되어 있다. 간단히 말해서 "전체 그리스도 사상"이란, 신자 전체가 그리스도의 몸을 형성한다는 사상이다. 여기에서부터 아래의 적용들이 따라 나온다. 첫째, 모든 그리스도인을 그리스도(의 지체)로 여겨야 한다. 그리스도인을 사랑하는 것은 그리스도를 사랑하는 것이 되기 때문이다. 둘째, 모든 사람을 그리스도를 통해서 사랑해야 한다. 이웃을 사랑하는 것은 그리스도를 사랑하는 것으로 확장될 수 있다. 셋째, 사랑의 완성은 모든 사람이 온전한 연합으로 모일 때 이뤄진다. 아우구스티누스의 "전

체 그리스도 사상"에 대한 보다 자세한 설명은 아래 문헌들을 보라. Egon Franz, *Totus Christus: Studien über Christus und die Kirche bei Augustin* (Bonn: Rheinischen Friedrich-Wilhelms-Universität, 1956); Emile Mersch, *The Whole Christ: The Historical Development of the Doctrine of the Mystical Body in Scripture and Tradition*, trans. John R. Kelly (Ex Fontibus Company, 2018), 383-440.

36   John M. Rist, *Augustine: Ancient Thought Baptized* (Cambridge: Cambridge University Press, 1994), 126.

37   이하의 논의들은 Peter Burnell, "Concupiscence," in *Augustine through the Ages: An Encyclopedia*, ed. Allan Fitzgerald (Grand Rapids: Eerdmans, 1999), 224-27의 논의를 기본적으로 참조했다. 하지만 여러 2차 작품들과 아우구스티누스의 원전으로 논의를 보충했다.

38   베르길리우스의 『아이네이스』 12.40-952에 나오는 갈등과도 비교하라.

39   한글 번역은 플라톤, 『프로타고라스』, 강성훈 역(서울: 이제이북스, 2011), 136-37쪽(352b-d)을 보라.

40   자세한 논의는 전헌상, "아리스토텔레스의 아크라시아론," 「철학사상」 30 (2008): 37-67을 보라.

41   한글 번역은 아리스토텔레스, 『니코마코스 윤리학』, 천병희 역(고양: 숲, 2013), 264쪽(1147b15-18)을 보라.

42   전헌상, "아리스토텔레스의 아크라시아론," 62.

43   "concupiscentia"라는 단어는 정욕, 욕정, 욕망, 탐욕 등으로 번역된다. 그런데 이 단어의 동사형인 "concupiscere"가 "강하게 욕망하다" 즉 "탐하다"는 의미가 있기에, "탐욕"이라는 번역이 좋아 보인다. 물론 맥락에 따라서는 다른 번역어를 택할 수 있으나, 이 글에서는 탐욕이란 번역어로 통일한다. 탐욕에 대한 아우구스티누스의 견해는 아래 글에 잘 정리되어 있다. P. J. Burnell,

"Concupiscence and Moral Freedom in Augustine and before Augustine," *Augustinian Studies* 26 (1995): 49-63.

44   Tertullian, *De resurrectione mortuorum* 45 (CCL 2:981).

45   Burnell, "Concupiscence," 226.

46   *civ. Dei* 13.13 (CCL 48,395): "senserunt ergo nouum motum inoboedientis carnis suae, tamquam reciprocam poenam inoboedientiae suae. iam quippe anima libertate in peruersum propria delectata et deo dedignata seruire pristino corporis seruitio destituebatur, et quia superiorem dominum suo arbitrio deseruerat, inferiorem famulum ad suum arbitrium non tenebat, nec omni modo habebat subditam carnem, sicut semper habere potuisset, si deo subdita ipsa mansisset. tunc ergo coepit caro concupiscere aduersus spiritum, cum qua controuersia nati sumus, trahentes originem mortis et in membris nostris uitiataque natura contentionem eius siue uictoriam de prima praeuaricatione gestantes."; 아우구스티누스, 『신국론』, 성염 역주, 1371쪽(civ. Dei 13.13).

47   심플리키아누스는 밀라노의 주교이자, 암브로시우스의 후임 주교였다. 그러나 나이는 심플리키아누스가 암브로시우스보다 더 많았다.

48   *spir. et litt.* 25-26 (CSEL 60,180-81): "non enim fructus est bonus, qui de caritatis radice non surgit. porro autem si adsit fides, quae per dilectionem operatur, incipit condelectari legi dei secundum interiorem hominem, quae delectatio non litterae, sed spiritus donum est, etiamsi alia lex in membris adhuc repugnat legi mentis, donec in nouitatem, quae de die in diem in interiore homine augetur, tota uetustas mutata pertranseat liberante nos de corpore mortis huius gratia dei per Iesum Christum dominum nostrum."

49   Augustine of Hippo, *The Retractations*, ed. Roy Joseph Deferrari,

trans. Mary Inez Bogan, vol. 60, The Fathers of the Church (Washington, DC: The Catholic University of America Press, 1968), 119(2.27): "I have explained as though he were describing a man still 'under the law' and not yet living 'under grace.' **Long afterwards, to be sure, I thought--and this is more probable- -that these words could also refer to the spiritual man.**" (볼드체는 연구자의 것이다.)

50   Burnell, "Concupiscence," 225.

51   이것은 바울이 로마서 7:8에서 말하던 것과 유사한 행태이다. (롬 7:8, 개정) 그러나 죄가 기회를 타서 계명으로 말미암아 내 속에서 온갖 탐심을 이루었나니 이는 율법이 없으면 죄가 죽은 것임이라.

52   *conf.* 2.4.9 (CCL 27,22): "ecce cor meum, deus, ecce cor meum, quod miseratus es in imo abyssi. dicat tibi nunc ecce cor meum, quid ibi quaerebat, ut essem gratis malus et malitiae meae causa nulla esset nisi malitia. foeda erat, et amaui eam; amaui perire, amaui defectum meum, non illud, ad quod deficiebam, sed defectum meum ipsum amaui, turpis anima et dissiliens a firmamento tuo in exterminium, non dedecore aliquid, sed dedecus appetens." 아우구스티누스, 『고백록』, 성염 역 (파주: 경세원, 2016), 96의 번역을 중요한 부분에서 여러 군데 수정했다. 특히 "사랑했다(*amaui*)"는 동사를 직역했다.

53   바울은 로마서 1:32에서 죄를 행할 뿐 아니라, 죄를 짓는 자들을 옳다고 하는 자들을 비판한다. (롬 1:32, 개정) 그들이 이같은 일을 행하는 자는 사형에 해당한다고 하나님께서 정하심을 알고도 자기들만 행할 뿐 아니라 또한 그런 일을 행하는 자들을 옳다 하느니라.

54   루터는 "자신을 향해 굽어 있는 마음(*cor incurvatus ad se*)"을 탐욕 혹은 원죄로 보았다. Richard A. Muller, *Dictionary of Latin and Greek Theological Terms: Drawn Principally from Protestant*

Scholastic Theology (Grand Rapids, MI: Baker Academic, 2017), 82: "cor incurvatus ad se: *the heart curved in upon itself;* a description of the sinful tendency of human beings to seek their own good in themselves rather than in God. Luther used the phrase to describe concupiscence (*concupiscentia,* q.v.) or original sin (*peccatum originale,* q.v.) as a positive problem in human beings rather than simply as a lack of original righteousness."

55   *conf.* 2.9.17 (CCL 27,22): "o nimis inimica amicitia, seductio mentis inuestigabilis, ex ludo et ioco nocendi auiditas, et alieni damni appetitus, nulla lucri mei, nulla ulciscendi libidine, sed cum dicitur: eamus, faciamus et pudet non esse impudentem."

56   나중에 아우구스티누스는 하나님을 "달콤함" 혹은 "감미"라고 부른다. 욕망의 대전환이라고 볼 수 있다.

57   *conf.* 2.2.4 (CCL 27,19): "ubi eram et quam longe exulabam a deliciis domus tuae [Mi 2,9] anno illo sexto decimo aetatis carnis meae, cum accepit in me sceptrum – et totas manus ei dedi – uesania libidinis licentiosae per dedecus humanum, inlicitae autem per leges tuas?" 아우구스티누스, 『고백록』, 성염 역, 91.

58   *conf.* 2.3.6 (CCL 27,20): "sed ubi sexto illo et decimo anno interposito otio ex necessitate domestica feriatus ab omni schola cum parentibus esse coepi, excesserunt caput meum uepres libidinum, et nulla erat eradicans manus." 아우구스티누스, 『고백록』, 성염 역, 93.

59   *conf.* 2.3.8 (CCL 27,21): "ecce cum quibus comitibus iter agebam platearum Babyloniae et uolutabar in caeno eius tamquam in cinnamis et unguentis pretiosis. et in umbilico eius quo tenacius haererem, calcabat me inimicus inuisibilis et seducebat me, quia ego seductilis eram." 아우구스티누스, 『고백록』, 성염 역, 94-95 (번역을 수정함).

60   *conf.* 2.3.8 (CCL 27,21): "ille, quia de te prope nihil cogitabat, de me autem inania, illa autem, quia non solum nullo detrimento, sed etiam nonnullo adiumento ad te adipiscendum futura existimabat usitata illa studia doctrinae. ita enim conicio recolens, ut possum, mores parentum meorum. relaxabantur etiam mihi ad ludendum habenae ultra temperamentum seueritatis in dissolutionem affectionum uariarum, et in omnibus erat caligo intercludens mihi, deus meus, serenitatem ueritatis tuae, et prodiebat tamquam ex adipe iniquitas [Ps 72,7] mea." 아우구스티누스, 『고백록』, 성염 역, 95.

61   *conf.* 8.1.2 (CCL 27,114): "sed ego infirmior eligebam molliorem locum et propter hoc unum uoluebar in ceteris languidus et tabescens curis marcidis, quod et in aliis rebus, quas nolebam pati, congruere cogebar uitae coniugali, cui deditus obstringebar." 아우구스티누스, 『고백록』, 성염 역, 274(번역을 수정함).

62   *civ. Dei* 14.26 (CCL 48,449): "sic ad fetandum et concipiendum non libidinis appetitus, sed uoluntarius usus naturam utramque coniungeret." 아우구스티누스. 『신국론』, 성염 역, 1533. 여기에서 아우구스티누스는 타락 전에는 인간이 성기를 의지에 따라 조절할 수 있었고, 또한 여성의 성기를 온전히 둔 채로 (즉, 처녀막의 손상 없이) 자궁에 정액이 들어가게 할 수 있었을 것이나, 아담과 하와는 그런 경험을 하기 전에 타락해 버렸다고 한다. 이러한 주장은 『결혼과 정욕』(*De nuptiis et concupiscentia*)에도 나타난다. 아래를 보라. Gerald Bonner, "Nuptiis Et Concupiscentia, De," in *Augustine through the Ages: An Encyclopedia*, ed. Allan Fitzgerald (Grand Rapids: Eerdmans, 1999), 592: "[*De nuptiis et concupiscentia*] Book 1 takes up the theme of *De gratia Christi et de peccato originali* 2: marriage is good and was instituted in paradise before the fall, but is now tainted by inherited concupiscence, indicated by the disobedience of the sexual organs (1.6.7)."

63   *conf.* 8.5.10 (CCL 27,119-120): "uelle meum tenebat inimicus
     et inde mihi catenam fecerat et constrinxerat me. quippe ex
     uoluntate peruersa facta est libido, et dum seruitur libidini, facta
     est consuetudo, et dum consuetudini non resistitur, facta est
     necessitas. quibus quasi ansulis sibimet innexis – unde catenam
     appellaui – tenebat me obstrictum dura seruitus. uoluntas autem
     noua, quae mihi esse coeperat, ut te gratis colerem fruique te uellem,
     deus, sola certa iucunditas, nondum erat idonea ad superandam
     priorem uetustate roboratam. ita duae uoluntates meae, una uetus,
     alia noua, illa carnalis, illa spiritalis, confligebant inter se atque
     discordando dissipabant animam meam." 아우구스티누스, 『고백
     록』, 성염 역, 284(번역을 수정함). "consuetudo"는 관습이란 뜻으
     로 보통 쓰이지만, 여기에서는 여성과 결혼하지 않은 채 동거하는
     동서생활(同棲生活)을 가리키는 은어로 사용되었다.

64   앞에서 영혼의 특성상 나뉘질 수 없음을 기억하라. 그 당시 아우
     구스티누스의 고통이 얼마나 컸었는지 상상하게 해 준다.

65   *conf.* 8.5.11 (CCL 27,120): "sic intellegebam me ipso experimento
     id quod legeram, quomodo caro concupisceret aduersus spiritum
     et spiritus aduersus carnem [Gal 5,17], ego quidem in utroque,
     sed magis ego in eo, quod in me approbabam, quam in eo,
     quod in me improbabam. ibi enim magis iam non ego, quia
     ex magna parte id patiebar inuitus quam faciebam uolens. sed
     tamen consuetudo aduersus me pugnacior ex me facta erat,
     quoniam uolens quo nollem perueneram." 아우구스티누스,
     『고백록』, 성염 역, 285(번역을 수정함).

66   *conf.* 8.7.17 (CCL 27,124): "da mihi castitatem et continentiam,
     sed noli modo. timebam enim, ne me cito exaudires et cito sanares
     a morbo concupiscentiae, quem malebam expleri quam extingui."
     아우구스티누스, 『고백록』, 성염 역, 292(번역을 수정함).

67 *conf.* 8.5.12 (CCL 27,121): "miserum ergo me quis liberaret de corpore mortis huius [Rm 7,24] nisi gratia tua per Iesum Christum, dominum nostrum? [Rm 7,25]"

68 *conf.* 8.12.28 (CCL 27,131): "quare non modo? quare non hac hora finis turpitudinis meae?"

69 *conf.* 8.12.29 (CCL 27,131): "dicebam haec et flebam amarissima contritione cordis mei. et ecce audio uocem de uicina domo cum cantu dicentis et crebro repetentis quasi pueri an puellae, nescio: tolle lege, tolle lege. ... repressoque impetu lacrimarum surrexi nihil aliud interpretans diuinitus mihi iuberi, nisi ut aperirem codicem et legerem quod primum caput inuenissem. ... itaque concitus redii in eum locum, ubi sedebat Alypius: ibi enim posueram codicem apostoli, cum inde surrexeram. arripui, aperui et legi in silentio capitulum, quo primum coniecti sunt oculi mei: non in comessationibus et ebrietatibus, non in cubilibus et impudicitiis, non in contentione et aemulatione, sed induite dominum Iesum Christum et carnis prouidentiam ne feceritis in concupiscentiis [Rm 13,13sq.]. nec ultra uolui legere nec opus erat. statim quippe cum fine huiusce sententiae quasi luce securitatis infusa cordi meo omnes dubitationis tenebrae diffugerunt." 아우구스티누스, 『고백록』, 성염 역, 304-5(번역을 수정함).

70 아우구스티누스가 로마서를 읽음으로써 회심하게 된 배경에는 그 당시에 지중해 연안에 있었던 "바울 르네상스(*Paulusrenaissance*)" 와 무관하지 않을 것이다. Wolf-Dieter Hauschild, *Lehrbuch der Kirchen- und Dogmengeschichte,* vol. 1, Alte Kirche und Mittelalter, 2nd ed. (Gütersloh: Gütersloher Verlagshaus, 2000), 224. 4세기 중반 이후부터는 라틴 교부들이 쓴 바울 주석서들이 많이 나왔다. 약 360년부터 409년에 이르기까지 적어도 52개의 바울 주석서가 여섯 명의 저자들에 의해 작성될 정도였는데, 이를 "바울 르네상스"라고 부른다. 아우구스티누스의 회심도 이러한 분위기에

서 이뤄진 것이라 볼 수 있다. Andrew Cain, "Jerome's Pauline Commentaries between East and West: Tradition and Innovation in the Commentary on Galatians," in *Interpreting the Bible and Aristotle in Late Antiquity: The Alexandrian Commentary Tradition between Rome and Baghdad,* ed. Josef Loessl and John W. Watt (Farnham, Surrey, England; Burlington, VT: Routledge, 2011), 91 – 110. 교부신학에서 바울에 대한 수용에 대해서는 아래 문헌을 보라. M. Wiles, *The Divine Apostle: The Interpretation of St. Paul's Epistles in the Early Church* (Cambridge: Cambridge University Press, 1967); Andreas Lindemann, *Paulus im ältesten Christentum. Das Bild des Apostels und die Rezeption der paulinischen Theologie in der frühchristlichen Literatur bis Marcion* (Tübingen: Mohr Siebeck, 1979); F. Cocchini, *Il Paolo di Origene: Contributo alla storia della recezione delle epistole paoline nel III secolo* (Rome: Studium, 1992). 우병훈, "아우구스티누스의 성경주석법과 설교론,"「고신신학」21 (2019): 173-223(특히 183)을 보라.

71   Hauschild, *Lehrbuch der Kirchen- und Dogmengeschichte,* 2nd ed., 1:231.

72   *corrept.* 10.26-11.29(특히 11.29). Augustine of Hippo, "A Treatise on Rebuke and Grace," in *Saint Augustin: Anti-Pelagian Writings,* ed. Philip Schaff, trans. Robert Ernest Wallis, vol. 5, A Select Library of the Nicene and Post-Nicene Fathers of the Christian Church, First Series (New York: Christian Literature Company, 1887), 482-83(특히 483).

73   Burnell, "Concupiscence," 225.

74   *ex. Gal.* 갈 5:17에 대한 해석.

75   Augustine of Hippo, *The Retractations,* ed. Roy Joseph Deferrari, trans. Mary Inez Bogan, vol. 60, The Fathers of the Church (Washington, DC: The Catholic University of America Press, 1968),

103.

76   아우구스티누스의 세례 신학에 대해서는 William Harmless, "Baptism," in *Augustine through the Ages: An Encyclopedia,* ed. Allan Fitzgerald (Grand Rapids, MI: Eerdmans, 1999), 84-91; Everett Ferguson, *Baptism in the Early Church: History, Theology, and Liturgy in the First Five Centuries* (Grand Rapids, MI: Eerdmans, 2009), 제 51장과 제52장을 보라.

77   주종훈은 아우구스티누스가 말씀 사역을 통하여 인간의 영적 질병을 치료하고자 했음을 적절하게 지적한다. 주종훈, "어거스틴, 크리소스톰, 그레고리 대제의 목회적 저술에 담긴 말씀 사역,"「개혁논총」 41 (2017): 87. 이 논문은 영어로 작성된 것이지만, 검색의 편의를 위해서 한글 제목으로 인용하였다.

78   아우구스티누스의 설교론에 대해서는 아래 글을 보라. 우병훈, "아우구스티누스의 성경주석법과 설교론," 173-223; B. Hoon Woo, "Augustine's Hermeneutics and Homiletics in *De doctrina christiana*: Humiliation, Love, Sign, and Discipline," *Journal of Christian Philosophy* 17/2 (2013): 97-117.

79   이에 대해서는 Paul R. Kolbet, *Augustine and the Cure of Souls: Revising a Classical Ideal,* 1 edition (Notre Dame, Ind: University of Notre Dame Press, 2009), Part Three를 보라.

80   Peter T. Sanlon, *Augustine's Theology of Preaching* (Minneapolis: Fortress Press, 2014), 제4장을 보라.

81   이에 대해서는 Kolbet, *Augustine and the Cure of Souls,* Part Two를 보라.

82   *nupt. et conc.* 1.29.32 (CSEL 42,244): "ad hoc ergo dixit lex: non concupisces [Ex 20,17], ut nos in hoc morbo inuenientes iacere medicinam gratiae quaereremus et in eo praecepto sciremus, et quo debeamus in hac mortalitate proficiendo conari et quo

possit a nobis in illa inmortalitate beatissima perueniri; nisi enim quandoque perficiendum esset, nunquam iubendum esset."

83   질송, 『아우구스티누스 사상의 이해』, 317.

84   *exp. Gal.* 49 (CSEL 84,126); *exp. Gal.* 54 (CSEL 84,129); 질송, 『아우구스티누스 사상의 이해』, 317에서 재인용 하지만, 질송은 *PL* 35, 2140-41; *PL* 35, 2142에서 인용했다.

85   *exp. Gal.* 49 (CSEL 84,126).

86   "즐거운 설득(Pleasurable Persuasion)"에 대해서는 *doc. Chr.* 4.27, 4.29, 4.58등을 참조하라. George Lawless, "Preaching," in *Augustine through the Ages: An Encyclopedia,* ed. Allan Fitzgerald (Grand Rapids: Eerdmans, 1999), 675-77(특히 677).

87   *Jo. ev. tr.* 41,8,10 (CCL 36,363): "ecce unde liberi, unde condelectamur legi dei: libertas enim delectat. nam quamdiu timore facis quod iustum est, non deus te delectat. quamdiu adhuc seruus facis, te non delectat; delectet te, et liber es. noli timere poenam, sed ama iustitiam. nondum potes amare iustitiam? time uel poenam, ut peruenias ad amandam iustitiam." 질송, 『아우구스티누스 사상의 이해』, 318을 참조. 질송은 위의 인용문을 *PL* 35, 1698에서 인용했다.

〈갈등하는 영혼을 본질로 치유하고 지켜내는 이그나티우스의 성찬론〉 미주

1   Ignatius, "To the Smyrnaeans," in *Early Christian Fathers*, ed. Cyril C. Richardson (Louisville: Westminster John Knox Press, 2006), 7:1, 114. 이하에서는 Ignatius의 일곱 서신에 대해 in *Early Christian Fathers*를 생략하고 서신만 표기할 것이다.

2   Herman Bavinck, *Reformed Dogmatics* 4 Vols (Grand Rapids: Baker Academic, 2004), 1:122; 정일권, "종교다원주의 신학을 넘어서: 기독교와 불교 대화신학에 대한 비판적 연구," 「한국개혁신학」 37 (2013): 1.

3   Irenaeus, "The Refutation and Overthrow of the Knowledge Falsely So Called," in *Early Christian Fathers*, ed. Cyril C. Richardson (Louisville KY: Westminster John Knox Press, 2006), Ⅰ:27.1-4, 367-368.

4   Justin Martyr, "The First Apology of Justin, the Martyr," in *Early Christian Fathers*, ed. Cyril C. Richardson (Louisville: Westminster John Knox Press, 2006), 26-29, 258-260; Bavinck, *Reformed*

Dogmatics, 3:31.

5   Madeleine Scopello, *Les Gnostiques*, 이수민 편역,『영지주의자들』 (왜관: 분도출판사, 2005), 33-34.

6   Ernst Dassmann, *Kirchengeschichte I*, 하성수 역,『교회사 I』(왜 관: 분도출판사, 2007), 46; Jaroslav Pelikan, *The Emergence of the Catholic Tradition(100-600)* (Chicago: The University of Chicago, 1971), 13-14; William C. Placher, *A History of Christian Theology: An Introduction* (Kentucky: Westminster John Knox Press, 1983), 45; Louis Berkhof, *The History of Christian Doctrines* (London: Banner of Truth, 1991), 30-32; Karl Suso Frank, *Lehrbuch der Geschichte der Alten Kirche*, 하성수 역,『고대 교회사 개론』(서울: 가톨릭출판 사, 2008), 329-330.

7   Eusebius Pamphilus, *The Ecclesiastical History of Eusebius Pamphilus*, trans. C. F. Cruse 3:36 (Oregon: Watchmaker Publishing, 2011), 109-111; J. N. D. Kelly, *Early Christian Doctrines* (London: Adam & Charles Black, 1968), 189-193; Henri de Lubac, *La mystique et l'anthropologie dans le christianisme*, 곽진상 역『그리스도교 신비사 상과 인간』(화성시: 수원가톨릭대학교 출판부, 2016), 116.

8   Johannes G. Vos & G. I. Williamson, *The Westminster Larger Catechism: A Commentary* (New Jersey: P&R Publishing, 2002), 74- 75, 78-79, 542.

9   우병훈, "유신진화론의 아담론 비판: 데니스 알렉산더의 견해를 중심으로,"「성경과 신학」92 (2019): 158-159.

10   Ignatius, "To the Ephesians," 18:2-19:1, 92-93.

11   조윤호, "아담의 세 가지 직분과 창조론과의 관계,"「갱신과 부흥」 24 (2019): 223-228.

12   조윤호, "요한복음 19장 30절의 '다 이루었다'가 의미하는 것,"「갱 신과 부흥」20 (2017): 210-213.

13   Bavinck, *Reformed Dogmatics,* 3:253-254; L. W. Barnard, "The Background of St. Ignatius of Antioch," *Vigiliae Christianae* 17 (1963): 193-194.

14   Hermann Lichtenberger, *Fruhjudentum und Kirche im Neuen Testament,* 박성호 역, 『초기 유대교와 신약의 교회』(서울: 기독교문서선교회, 2020), 100-117.

15   Vos & Williamson, *The Westminster Larger Catechism,* 82.

16   Ignatius, "To the Smyrnaeans," 6:1-2, 114.

17   Ignatius, "To the Smyrnaeans," 7:1, 114; Louis Berkhof, *Systematic Theology* (Michigan: Wllliam B. Eerdmans Publishing Company, 2018), 720.

18   Bentley Layton, trans. "The Hypostasis of the Archons The Reality of the Rulers," in *The Nag Hammadi Library,* ed. James M. Robinson (California: Claremont Graduate University, 2009), II.4, 114.

19   Ignatius, "To the Ephesians," 18:2, 92-93.

20   Ignatius, "To the Ephesians," 13:1, 91.

21   Ignatius, "To the Smyrnaeans," 7:1, 114.

22   J. van Genderen & W. H. Velema, *Beknopte gereformeerde dogmatiek,* 신지철 역 『개혁교회 교의학』(서울: 새물결플러스, 2018), 743-746.

23   Robert M. Grant, trans. "The Gospel of Truth," in *The Nag Hammadi Library,* I:3, 24.

24   Scopello, *Les Gnostiques,* 105.

25   William R. Schoedel, trans. "The (First) Apocalypse of James," in *The Nag Hammadi Library,* V:3, 153-156.

26   조윤호,『그리스도의세가지직분-둘째아담그리고창조회복』(서울:

기독교문서선교회, 2021), 76-76.

27   Ignatius, "To the Smyrnaeans," 2:1-3:2, 113.

28   Adalbert Hamman, *How to Read the Church Fathers* (London: SCM Press LTD, 1993), 9, 61.

29   Ignatius, "To the Trallians," 11:2, 100-101.

30   우병훈, "참된 교회의 감춰져 있음-루터 교회론의 한 측면,"「한국 개혁신학」55 (2017): 101-102.

31   Ignatius, "To the Romans," 7:3, 105.

32   Hans Küng, *Die Kirche*, 정지련 역,『교회』(서울: 한들출판사, 2007), 309.

33   Ignatius, "To the Ephesians," 7:1-2; 20:2. 89-90, 93; "To the Trallians," 2:1; 9:2, 98-100; "To the Philadelphians," 8:2; 9:2, 110-111; "To the Smyrnaeans," 1:1-3:2; 5:1, 113-114.

34   조윤호, "갈등을 신앙으로 승화시킨 이그나티우스의 신학과 사상 연구: 이그나티우스의 일곱 서신을 중심으로,"「한국개혁신학」68 (2020): 225-226.

35   Ignatius, "To the Romans," 7:3, 105.

36   Scopello, *Les Gnostiques*, 104.

37   Ignatius, "To the Philadelphians," 8:2, 110.

38   Wesley W. Isenberg, trans. "The Gospel of Philip," in *The Nag Hammadi Library*, Ⅱ:3, 102.

39   James M. Robinson, trans. "A Valentinian Exposition," in *The Nag Hammadi Library*, XI:2ab; ab, 251-252.

40   Andreas J. Köstenberger, A *Theology of John's Gospel and Letters*, 전광규 역,『요한신학』(서울: 부흥과개혁사, 2015), 375.

41 Hans-Gebhard Bethge & Bentley Layton, trans. "On the Origin of the World-The Untitled Text," in *The Nag Hammadi Library*, XIII:2, 284.

42 Soren Giversen & Birger A. Pearson, trans. "The Testimony of Truth," in *The Nag Hammadi Library*, Ⅰ:3, 234-239.

43 Douglas M. Parrott, trans. "The Sophia of Jesus Christ," in *The Nag Hammadi Library*, Ⅲ:4, 138-142.

44 조윤호, 『그리스도의 세 가지 직분-둘째 아담 그리고 창조회복』, 75.

45 Ignatius, "To the Ephesians," 5:1-2, 89.

46 Ignatius, "To the Ephesians," 7:2, 90.

47 Scopello, *Les Gnostiques*, 59.

48 Scopello, *Les Gnostiques*, 60.

49 Scopello, *Les Gnostiques*, 62.

50 Köstenberger, *A Theology of John's Gospel and Letters*, 375.

51 Robinson, trans. "A Valentinian Exposition," in *The Nag Hammadi Library*, XI:2ab; ab, 251-252.

52 Ignatius, "To the Magnesians," 13:1-2, 97; 조윤호, "갈등을 신앙으로 승화시킨 이그나티우스의 신학과 사상연구," 227-230.

53 Leonhard Goppelt, *Typos the Typological Interpretation of the Old Testament in the New*, 최종태 역, 『모형론』(서울: 새순출판사, 1993), 250.

54 Ignatius, "To the Trallians," 4:1; 6:1-2; 7:2, 99-100.

55 Ignatius, "To the Ephesians," 20:2, 93.

56 Pamphilus, *The Ecclesiastical History of Eusebius Pamphilus*, 3:36,

109-111; Battista Mondin, *Storia della Teologia*, 조규만 외 3 인역, 『신학사 1』(서울: 가톨릭출판사, 2012), 126.

57　Ignatius, "To the Philadelphians," 4:1-5:1, 108-109.

58　조윤호, "요한복음 19장 30절의 '다 이루었다'가 의미하는 것," 224-227.

59　Ignatius, "To the Romans," 5:3, 105.

60　Ignatius, "To the Romans," 7:3, 105.

61　Ignatius, "To the Ephesians," 20:2, 93.

62　Giversen & Pearson, trans. "The Testimony of Truth," in *The Nag Hammadi Library*, IX:3, 234-235; Layton, trans. "The Hypostasis of the Archons The Reality of the Rulers," in *The Nag Hammadi Library*, II:4, 113-116; Elaine Pagels and Karen L. King, *Reading Judas: The Gospel of Judas and the Shaping of Christianity* (New York: Viking Press, 2007), 71-72.

63　Paul J. Donahue, "Jewish Christianity in the Letters of Ignatius of Antioch," *Vigiliae Christianae* 32 (1978): 82.

64　조병하, "초대교회(1-2세기) 이단 형성(의 역사)과 정통 확립에 대한 연구: 영지주의를 중심으로," 「성경과 신학」 72 (2014): 308.

65　Ignatius, "To the Smyrnaeans," 6:1; 7:1, 114.

66　Bethge & Layton, trans. "On the Origin of the World-The Untitled Text," in *The Nag Hammadi Library*, XIII:2, 289.

67　Bengt Hägglund, *History of Theology*, 박희석 역, 『신학사』(서울: 성광문화사, 2014), 42; John M. Frame, *History of Western Philosophy and Theology*, 『서양 철학과 신학의 역사』(서울: 생명의말씀사, 2018),164.

68　Berkhof, *Systematic Theology*, 306.

69   Ignatius, "To the Smyrnaeans," 7:1-8:2, 114-115.

70   조병하, "초대교회 교회직제 발전에 대한 연구: 사도적 교부, 사도전승, 디다스칼리아를 중심으로(첫 3세기)," 「한국개혁신학」 31 (2011): 203-206.

71   John D. Turner, trans. "The Interpretation of Knowledge," in *The Nag Hammadi Library*, XI:1, 245-248.

72   Turner, trans. "The Interpretation of Knowledge," in *The Nag Hammadi Library*, XI:1, 247-248.

73   Ignatius, "To the Smyrnaeans," 12:1-13:1, 116.

74   Bavinck, *Reformed Dogmatics,* 1:125-126.

75   Bavinck, *Reformed Dogmatics,* 2:118-119, 294-295, 327, 419-420, 423-426.

76   Bavinck, *Reformed Dogmatics,* 2:423-424.

77   Bavinck, *Reformed Dogmatics,* 3:208.

78   Harold O. Brown, *Heresies*, 라은성 역, 『이단과 정통』(서울: 그리심, 2002), 93; 라은성, "파코미안 수도원운동에 끼친 영지주의," 「성경과 신학」 38 (2005): 88-89.

79   Scopello, *Les Gnostiques*, 17-19.

80   Brant Pitre, *Jesus and the Jewish Roots of the Eucharist* (New York: Doubleday, 2011), 157-158.

81   Ignatius, "To the Smyrnaeans," 7:1, 114.

82   조윤호, 『그리스도의 세 가지 직분-둘째 아담 그리고 창조회복』, 75.

83   문병호, 『기독론』 (서울: 생명의말씀사, 2016), 661.

84   Ignatius, "To the Ephesians," 1:1; 18:1-20:2, 88, 92-93.

85   Ignatius, "To the Trallians," 2:1, 98-99.

86   H. R. Drobner, *The Fathers of The Church: A Comprehensive Introduction*, 하성수 역,『교부학』(왜관: 분도출판사, 2015), 120

87   Pamphilus, *The Ecclesiastical History of Eusebius Pamphilus*, 109.

88   조윤호,『그리스도의 세 가지 직분-둘째 아담 그리고 창조회복』, 78-79.

89   Pitre, *Jesus and the Jewish Roots of the Eucharist*, 18-21.

90   Ignatius, "To the Ephesians," 18:1; 19:3, 92-93; "To the Trallians," 2:1, 99.

91   Ignatius, "To Polycarp," 2:3-3:2, 118-119.

92   Bavinck, *Reformed Dogmatics,* 4:72.

93   Bethge & Layton, trans. "The (First) Apocalypse of James," in *The Nag Hammadi Library*, Ⅴ:3, 153-156; Scopello, *Les Gnostiques*, 105-109.

94   Ignatius, "To the Philadelphians," 5:1, 109.

95   조윤호,『그리스도의 세 가지 직분-둘째 아담 그리고 창조회복』, 78-79.

96   조윤호, "요한 크리소스톰의 사상에 나타나는 창조 회복에 따른 그리스도의 직분론 이해,"「개혁논총」49 (2019): 174-175.

97   조윤호,『그리스도의 세 가지 직분-둘째 아담 그리고 창조회복』, 77-78.

98   조윤호, "갈등을 신앙으로 승화시킨 이그나티우스의 신학과 사상 연구," 246.

99   Ignatius, "To the Romans," 4:1, 104.

100   Drobner, *The Fathers of The Church*, 122.

101   Frank, *Lehrbuch der Geschichte der Alten Kirche*, 151.

102   Cyril C. Richardson, "The Church in Ignatius of Antioch," *The Journal of Religion* 17 (1937): 434.

103   조윤호, "갈등을 신앙으로 승화시킨 이그나티우스의 신학과 사상 연구," 240.

104   Ignatius, "To the Romans," 5:1, 104.

105   Ignatius, "To the Trallians," 2:2, 99; 7:1, 100.